U0875618

麦肯锡学院

麦肯锡方法

用简单的方法做复杂的事

THE McKINSEY WAY

Using the Techniques of the World's Top Strategic Consultants to Help You and Your Business

[美] 艾森·拉塞尔 著　张薇薇 译
Ethan M. Rasiel

机械工业出版社
CHINA MACHINE PRESS

图书在版编目（CIP）数据

麦肯锡方法：用简单的方法做复杂的事 /（美）艾森·拉塞尔（Ethan M. Rasiel）著；张薇薇译．—北京：机械工业出版社，2020.7（2025.11 重印）
（麦肯锡学院）

书名原文：The McKinsey Way：Using the Techniques of the World's Top Strategic Consultants to Help You and Your Business

ISBN 978-7-111-65890-0

I. 麦…　II. ① 艾…　② 张…　III. 企业管理－经验－美国　IV. F279.712.3

中国版本图书馆 CIP 数据核字（2020）第 106400 号

北京市版权局著作权合同登记　图字：01-2009-7314 号。

Ethan M. Rasiel. The McKinsey Way：Using the Techniques of the World's Top Strategic Consultants to Help You and Your Business

ISBN 978-7-111-65890-0

Original edition copyright © 1999 by McGraw Hill LLC. All rights reserved.

No part of this publication may be reproduced or transmitted in any form or by any means, electronic or mechanical, including without limitation photocopying, recording, taping, or any database, information or retrieval system, without the prior written permission of the publisher.

This edition is authorized for sale in the Chinese mainland（excluding Hong Kong SAR, Macao SAR and Taiwan）.

Simple Chinese translation edition copyright © 2020 China Machine Press. All rights reserved.

版权所有。未经出版人事先书面许可，对本出版物的任何部分不得以任何方式或途径复制传播，包括但不限于复印、录制、录音，或通过任何数据库、信息或可检索的系统。

此中文简体翻译版本经授权仅限在中国大陆地区（不包括香港、澳门特别行政区和台湾地区）销售。

翻译版权 © 2020 由机械工业出版社所有。

本书封面贴有 McGraw Hill 公司防伪标签，无标签者不得销售。

麦肯锡方法：用简单的方法做复杂的事

出版发行：机械工业出版社（北京市西城区百万庄大街 22 号　邮政编码：100037）
责任编辑：李　昭
责任校对：李秋荣
印　　刷：北京联兴盛业印刷股份有限公司
版　　次：2025 年 11 月第 1 版第 19 次印刷
开　　本：130mm × 185mm　1/32
印　　张：8
书　　号：ISBN 978-7-111-65890-0
定　　价：59.00 元

客服电话：（010）88361066　68326294

版权所有・侵权必究
封底无防伪标均为盗版

献　给

艾玛和杰西卡

总序一

麦肯锡并不神秘，方法论铸就神奇

摆在你面前的这三本以麦肯锡命名的书——《麦肯锡方法》《麦肯锡意识》《麦肯锡工具》，绝对谈不上是名著，两位作者也不是什么大牛，它们在美国一再出版并极受欢迎，在我看来，既是因为书名中包含着世界顶级管理咨询品牌“麦肯锡”，也是因为三本书都紧扣“解决问题”这个在职场或者更大范围内的人生的关键焦点。作者提供给你的，不是居高临下的说教和炫耀，不是在今天的书榜上有点儿泛滥的煽情与励志，也没有打算帮助你补充什么缺失的专业知识（这些永远都补不完、学不够），而是希望你通过较为系统的学和练之后能够以某种方式“洗心革面，重新做事”，掌握这种“麦肯锡”的或者“解决问题”的有效方法论。作者的写作初衷，就是想把麦肯锡的几招“看家本事”说出来，惠及普天下。

说到看家本事，25年来，我常常惊诧于学院里的一些师弟师妹或者学生小子，青葱年少，摇身一变就成了麦肯锡公司的大牌顾问，往来尽高管，谈笑超自信。是吃了什么灵丹妙药，还是谁点化了这些脑袋？认真想想，我找到了一条原因：也许是因为这些优秀学校毕业的年轻人，本身素质够格，一旦加入了这个强势品牌，站在了巨人的肩膀上，靠着公司积累了数十年的行业知识，并不断有成熟的合伙人或者资深经理从旁教授，说话办事靠谱起来也是应该。但是接触麦肯锡和其他领先管理咨询公司多了，我发现，除了“洗脸”（印上麦肯锡这个卓越品牌）这一过程之外，还有另外的原因同样不可小觑，甚至需要大书特书，那就是他们进去后还有重要的四洗：“洗心”“洗脑”“洗手”“洗脚”。

所谓“洗心”，说的是受到麦肯锡文化的熏陶，对于专业服务和帮助企业的理解与承诺，在知其然也要知其所以然的过程中，积极地影响（改变）商业实践。关于这一点，《麦肯锡传奇》[㊀]一书给出了极好的诠释。从这家公司的奠基者马文·鲍尔追求完美、缔造卓越的传奇一生，我们能够更好地理解麦肯锡公司的精神实质，甚至更广义地，让所有从事专业服务的同人，都保持着一种谦卑和敬畏。《麦肯锡传奇》是我们的“麦肯锡学院”丛书之四，尽管不是我们所说的这两位作者的作品。

“洗心”费时费力，也并不是总能成功。有些人离开麦肯锡，是因为始终不能脱胎换骨似的被这样一种很强势的文化所命中，以其作为自己的信仰。难说好坏，不适便是。但是，离开麦肯锡的人，甚至那些成为大公司掌舵者、拯救者（这种说法显然太夸大个体英雄主义了，此处只是从俗）的麦肯锡校友，除了麦肯锡精神、文化和价值观对他们的影响让他们与众不同之外，还有很重要的一条，便是他们的工作方式、运作方式、合作方式，甚至生活中的劳作方式、动作方式，都被他们曾经服务过的这家公司“定型”（Shape）过了。而这个“定型”过程，靠的是洗脑、洗手、洗脚，改变的则是意识、

㊀ 本书已由机械工业出版社出版。

方法和工具。

所谓“洗脑”，即《麦肯锡意识》，讲的是怎样从思维方式上，真正成为一个团队合作的、面向对象（也许是客户）的、强调改善与结果的问题解决者。而“洗手”——《麦肯锡方法》，实际上是这三本书中最先问世并一炮打响的畅销书，强调的是一些不管在什么工作环境下，都可以更有效解决问题的技巧性很强的工作方式、小窍门，不过小窍门却能派上大用场。最后说说“洗脚”——《麦肯锡工具》，这一本想从更有研究和证据的角度，把这些方法、打法、套路上升为方法论、工具箱、武器库，是对那些更尊重逻辑、寻求道理的学习者和阅读者的深入满足。这“三洗”，骨子里高度一致，就是要你变得“训练有素、行动得法”。这三本书兜售、传播的到底是什么？通俗一些说，我们平时喜欢夸别人说话办事“靠谱”“上道”“挺是那么回事儿”，这三本书就是“靠谱”的“谱”、“上道”的“道”和“挺是那么回事儿”的“那么回事儿”。呵呵，所以，认真学习和掌握了这些，你就能成为一个总是被上述赞誉围绕的人，即使你不是也不打算成为一个咨询顾问，即使你只是个热衷于学习管理的蓝领师傅或者掌权主妇。

所以，麦肯锡或者很多其他的大公司在面试新人时，并不特别着眼于已有的知识积累（背书考试的成果），更看中的是面试者所表现出的意识、方法和工具（尽管朴拙）在本质上是否符合这样一套规范的、以批判性思考和创造性思考为基础的、逻辑自洽且行之有效的系统要求，或者有没有相应的素质能够修炼并掌握这样一套方法论！尽管一切都能学，都不晚，但是掌握这些本领，你确实还有一个很大的敌人：你自己，过去的你，你过去的思维方式、工作方式和其他的习惯。在我看来，这套方法论中，重视“渔”超过“鱼”，重视“学会学习”而不是“知识学习”，重视“严密假设、小心求证”而不是“天马行空拍脑袋”，重视“团队一体”而不是“我的地盘我做主”。你也许不喜欢这套方法论，觉得束缚而不够舒服，觉得啰唆而不够痛快，那只能说明它们不是说给你听、写给你用的，但是许多年的实践证明，这套法子很灵。

千万不要误解，认为只有将来要从事咨询工作的人才有必要阅读和学习。在今天，许多学校开始考虑改革传统的 MBA 教学过程，增加更多的软技能和整合实践学习。我认为这三本书有很好的读者群体：入学导向周里的 MBA 学生、整合实践学习和软技能培训（包括沟通、思维、团队训练）中的 MBA 学生。各学院很想较为系统地做些“双基”训练，帮学生养成一些对未来 MBA 学习和管理生涯长期有用的思维和行动习惯，从这个意义上看，这几本书是蛮适合做训练导引和参考手册的。这三本书不需要都仔细读（必须承认，三本书中有不少重叠冗余之处，也有一些过于理论的部分会让看重“拿来用”的学习者读得很累），你可以看看风格，读两页后判断一下哪本书更适合你：是更理论些的，还是更实操些的，还是二者得兼。如果老师愿意选取书中的一些片段直接指点给学生，当然会省事，但是要小心，要尊重它的整体性。

熟悉咨询行业的读者一定会发现，正如咨询顾问讲事儿时的习惯一样，这几本书逻辑性强，但有点儿

“干”。很多读者第一遍读，难免会感觉有点儿“云里雾里”，迷失在概念丛林中，但只要你耐着性子看，过了那道坎儿，就是跟你过去自由自在干活儿相比要开始“事事儿”起来的那道坎儿，这套说法和做法往往就会深得你心了。当然，这也反映出你的个人价值观与麦肯锡文化的契合度，因为每个做法的背后，是“崇尚理性、讲究服务、持续提高”的文化。不舒服，请坚持再试；吐之前，别轻易放弃。总之，你得有点儿执着，才能享受这顿盛宴。

最不该读这些书的人，大概就是麦肯锡公司的顾问了。他们大都会觉得这些书有些小儿科，写书的人有点儿拿麦肯锡做招牌，以及这些东西还算不上绝学，等等。嗯，大体上同意。好在这些书确实不是给在麦肯锡工作以及想去麦肯锡工作的人写的，他们该追求的是“手中无剑，心中有剑”的境界。而这些书的大部分目标读者，都是先要手上拿起这么一把趁手的“家伙”披荆斩棘，壮壮声势的。相比之下，市面上那些所谓的战略、整合、重组之类的《武穆遗书》般的兵法奇著，年轻的管理学习者最好还是敬而远之。咱们需要把军体拳和太极剑先练熟——明天就贯通任督二脉纯属做梦，咱们必须得从入门的一招一式练起。套用一句 2008 年后流行起来的新俗话，叫作回归基本（Back to Basic）。说得多好，不是初级，而是基本——最简单的三板斧，往往在关键时刻救命，这才是最高级的功夫！

也许有一天，作为这几本书受益者的你，历练多年，无论言谈与逻辑的缜密，还是选择与决策的严谨，居然会被人讥笑："大哥（或美女），咱别这么麦肯锡好不好！"呵呵，也许正说明你作为一个麦肯锡的门外汉，经过了这难得的"麦肯锡学院"的修炼，掌握了麦式基本功几许。别骄傲，还不够。除了锻炼方法，还要淬炼心法。书的作者在前两本书（即《麦肯锡方法》《麦肯锡工具》）里特别爱举一位"麦肯锡校友"、曾任安然公司 CEO 的斯基林做正面案例——安然的崛起和坠落他都有重要干系。这绝不意味着这几本书错了，而是需要你洞察其局限。剑法高超者，却因着害人与救人的分别，成就了"恶"与"侠"。华山派出了岳不群，并非功夫本身的错，而是要参透“功夫只是功夫，功夫仍是功夫”的辩证玄机。

我之所以想给这么几本书做推荐，并不是冲着麦肯锡的名头。相反地，倒是书中处处流露出的“麦肯锡并不神秘，方法论铸就传奇”的平易色彩打动了我。因为麦肯锡三个字而买下这些书的你，一定要明白方法论才值得你花那些银子。看完后，千万别迷信麦肯锡：路子对了，你也行。

杨斌　博士

清华大学经济管理学院领导力研究中心主任

总序二

麦肯锡商学院重装上阵、致敬经典

十年前，“麦肯锡学院”丛书陆续面世。十年来，《麦肯锡方法》《麦肯锡意识》《麦肯锡工具》和《麦肯锡传奇》这四本书加印三十余次，读者甚众。

埃隆·马斯克大谈“第一性原理”的时候，众人四处求索，这是什么神奇法门？蓦然回首，《麦肯锡方法》《麦肯锡意识》其实就是第一性原理的解题方法。

企业创新，言必称“敏捷组织”“敏捷方法”。定睛一瞧，《麦肯锡工具》与敏捷团队的工作手册高度一致，尤其适用于软件开发、产品开发以外的敏捷应用场景。

业界的共识基本形成：伟大的企业一定是由使命和价值观驱动的，而非单纯追逐利润。而且，越来越多的中国企业从“合伙人”这个古老的制度安排中寻找企业价值观塑造和传承的密码。作为专业服务领域合伙制企业的创业史诗，《麦肯锡传奇》充满了人性的光辉和尘封的细节。

在 2020 年这个大时代节点，再版“麦肯锡学院”丛书，幸甚至哉！

除了解题方法论这样的“硬核”技能之外，本次的新版丛书也增加了《麦肯锡领导力》这个“软核”话题。这本书是两位麦肯锡现任合伙人的新作——摒弃时髦的喧嚣，萃取经过时间考验的组织领导力十项原则。

当我们向经典致敬时，麦肯锡的同事们意识到，想要解决高度不确定的现实问题，或切实提升领导力，仅仅阅读书本毕竟有很大的局限性。因此，在过去几年中，我们投入了巨大的热情和精力，把这些方法和工具开发成学习课程，并以此为基础组建了麦肯锡商学院。这些麦肯锡商学院的训练课程，主要通过线上学习，践行个性化学习、游戏化互动、量化测评认证的原则。麦肯锡商学院与经典书籍相互辉映，用最新的科技和近百年沉淀下的实践智慧，为中国的人才赋能！

张海濛

麦肯锡全球资深合伙人

亚太区组织领导力咨询负责人

推荐序

高效专业人士要掌握的三条项目管理法则

我喜欢读书。我和自己说，只要能从读的书里多认识一个字，多学到一个知识点，那花出去的钱和时间就是值得的。我推荐青年专业人士阅读《麦肯锡方法》一书，因为书中写到的三条项目管理法则（原则）是我一直在用的，我相信它们能够为专业人士的成功提供助力。这可是一位具有 30 年从业经验的专业人士的认真话语。

（一）MECE 原则

专业服务公司存在的目的是帮助客户解决复杂的商业问题。在寻找解题思路和方案时，对客户面临的问题进行分析，形成自己的观点，并在保证思路完整性的同时，避免混淆和重叠，这就是著名的 MECE 原则。

MECE（mutually exclusive, collectively exhaustive），意思是“相互独立、完全穷尽”。其核心思路是在分析问题的时候，通过逐步分解的方法，把问题的要素全部定义清楚，同时保证这些要素之间没有交叉，并借此理顺思路，有效把握问题的核心，去寻找解决问题的方法。

用 MECE 原则形成的观点是最清晰（或者说是混淆程度最小的）、最完整的。MECE 原则要求把大的复杂的问题，拆分成小的容易解决的子问题，列出问题清单。当你认为已经把问题弄清楚的时候，请仔细研究一下这张清单，确保每个问题的分解要素都是独立、不同的。有了这张清单，你还需要检查它是否囊括了一切与问题相关的要素，追问自己是否有遗漏（即完全穷尽）。

MECE 原则能够帮助我们在分析问题时厘清思路——认清问题所在就等于解决了问题的一半。2013 年 7 月 30 日，我参加了中国农业银行的审计工作汇报会议。在讨论一个具体的审计问题时，我们团队运用了 MECE 原则。听完我的解释后，财务会计部姚明德总经理说：

“对，这样做就‘不重不漏’了。”

当听到“不重不漏”这一词语时，电光闪念之间，我感觉到这正是我寻找多年的“MECE”的最佳中文翻译。“不重不漏”用简洁的语言对MECE原则做了准确传神的诠释。

（二）二八法则

“二八法则”是管理咨询业甚至商业领域里最伟大的真理之一。“二八法则”认为，原因和结果、投入和产出、努力和回报之间原本就存在着无法解释的不平衡关系。一般来说，多数投入和努力只能带来少许影响，而只有少数投入和努力能造成主要的、重大的影响，我们把这些少数投入和努力定义为“关键驱动因素”。若以数学方式描述这种不平衡，得到的就是一个80/20关系，即结果、产出或回报的80%取决于20%的原因、投入或努力。例如，世界上大约80%的资源是由20%的人口消耗的；世界财富的80%为20%的人所拥有；在一个国家的医疗体系中，20%的人口与20%的疾病会消耗80%的医疗资源。

我将用时间管理来解释“二八法则”及其应用。在一个人的时间和精力都非常有限的前提下，“二八法则”对于管理者的最大用处在于：面面俱到不如重点突破，即把 80% 的资源花在能产出关键效益的 20% 的工作上。

当一位管理者厘清手头 20% 待解决的需要战略性思考的事情，然后把 80% 的时间和精力花在这些事情上时，他能给项目团队和公司创造的价值将远远大于处理其他 80% 看似紧急但不具有战略重要性的工作所带来的价值。后者就好比你烧干了大海，但最后只得到了一点盐。“二八法则”能够帮助管理者更从容地把握时间，集中精力处理重要事务，做出战略性思考。这就是所谓的要事优先。

彼得·德鲁克（Peter F. Drucker）说：“时间是世界上最短缺的资源，除非善加管理，否则人将一事无成。”对管理者而言，特别是同时承担向上汇报和向下管理职责的中层管理者，时间管理是有效行使管理职能的重要方面。而作为一名高级管理人员，最大的项目管理工作就是管理好自己的时间。当你埋怨自己没有时间时，试试用 80% 的时间来处理那 20% 的重要任务。

（三）电梯法则

电梯法则是指在较短时间内把复杂的问题说清楚，比如在电梯里利用 30 秒的时间向一位潜在客户推广你的方案或产品，将一周的工作浓缩在 30 秒的时间中向上级汇报。30 秒的时间一闪而过，在此期间讲清楚一个话题并不容易，因此，电梯法则强调凡事要直入主题、直奔结果，快速而清晰地给出重点信息，为自己和对方节约时间。

我的一个工作习惯是在离开客户办公室时，要求一位同事送我下楼。我所期待的就是这位同事能在短暂的电梯时间内，有条理、有重点地把目前的工作进展告诉我。如果需要汇报的内容很多，我的建议是着重谈 3 个最重要的、对推进下一步工作影响最大的问题，甚至只谈 1 个问题。这样，我的同事在有限的时间内向我说明了他面对的困难，同时，他会得到我的指示和建议，这有助于避免我成为工作开展中的“瓶颈”。

电梯法则对培养专业人士的高效沟通能力是很重要的。它的一个重要落脚点是“3”这个数字。“3”是我最喜欢的数字。我通常会说：“这个问题我们有 3 点看法。”一份好的会议议程，其一级标题的数量以3个为最佳，可以再加介绍（开场白）和下一步行动计划（结束语）这2点，但最多不超过5点。在走进受访者的办公室前，我会想清楚客户最想知道的3件事情是什么。

有效的商业信息有3个特征：简洁、全面、系统。简洁，即把所有信息缩减到受众需要知道的3～5点；全面，即包括受众需要知道的所有要点，不要留有悬念；系统，即把信息按受众容易理解的结构组织起来，简单的结构也有助于陈述者把信息说清楚。了解我的同事都知道，我对信函写作的要求是内容不要超过3点，对演示汇报文档的要求是一级标题不要超过5点。

系统性对于一份沟通材料而言是很重要的，它可以反映出个人或者项目组的全部思想。有一份逻辑性强、重点突出的沟通材料，说明你的思考是有条理、有逻辑的。我常常和同事开玩笑说：“乱了敌人，也不能乱了自己。”简洁、全面、系统地传递信息，要求我们在脑海中想一遍，在陪同领导从他的办公室走到办公楼前的停车位、把领导送上车并和他说再见前的几分钟内，自己能说清楚什么。这是高效专业人士应该掌握的沟通方法论，适用于和客户的谈话，也适用于整理汇报材料。

中国平安保险公司于1988年诞生于深圳蛇口，是中国第一家股份制保险企业。20世纪90年代中后期，中国的保险行业处在一个生机勃勃的发展时期。一方面，巨额保费源源不断地流入保险公司，然而另一方面，行业的信誉却因为保险公司管理不当走到了历史谷底。

那时，中国平安的风险管控出现了漏洞，中国人民银行约谈了中国平安的创始人马明哲先生，要对中国平安处以严厉的监管处罚。马明哲抱着麦肯锡专门设计的一套管理改革方案北上，与时任中国人民银行副行长郭树清进行沟通。马明哲对郭树清副行长说，他计划按照麦肯锡建议的一套方案来做。郭树清副行长表示："只要中国的金融企业意识到自己有问题时，愿意聘请麦肯锡这样的公司提供服务，我们监管的目的就达到了。"

谨以此文为《麦肯锡方法》的推荐序。麦肯锡方法固然有麦肯锡浓烈的印记和特色，但其普适性是公认的。我期待年轻的专业人士能够迅速学得一套能帮助自己成为高效专业人士的方法论，因为作为专业人士，我们往往不是被别人打败，而是被自己打败的。

吴卫军

德勤中国副主席

浙江大学管理学院兼职教授

写于 2020 年 4 月 23 日，世界读书日

北京，西山

目 录

第三部分
麦肯锡推介解决方案的方法

第四部分
麦肯锡生存之道

第五部分
麦肯锡校友的忠告

致 谢

如果没有很多人的帮助、投入和支持，我是难以完成本书的。我要感谢朱莉·威德（Julie Weed）对本书的启动以及我的代理人丹尼尔·格林伯格（Daniel Greenberg）对本书写作的推动。感谢我的编辑玛丽·格伦（Mary Glenn）以及麦格劳-希尔（McGraw-Hill）公司专业团队对本项目的信赖和让本书成功付梓的帮助。十分感谢西蒙·卡恩（Simon Carne），尤其要感谢他对本书“对MECE原则应用自如”一节写作的帮助；同时感谢亚当·戈尔德（Adam Gold）在本书的开始阶段不断引发我的思考。感谢我的父母亲——阿姆拉姆·拉塞尔（Amram Rasiel）和罗莎·拉塞尔（Rosa Rasiel）对我的理解与支持。

当然，我要向那些愿意与我分享他们的知识和经历的麦肯锡校友表示由衷的感激。没有他们，就没有本书。他们是克里斯廷·阿斯里森(Kristin Asleson)、阿贝·布莱伯格(Abe Bleiberg)、格莱士·布雷巴克(Gresh Brebach)、汤姆·伯克(Tom Burke)、埃里克·哈茨(Eric Hartz)、贾森·克莱因(Jason Klein)、哈米什·麦克德莫特(Hamish McDermott)、赛思·瑞德维尔(Seth Radwell)、杰夫·坂口(Jeff Sakaguchi)、韦斯利·桑德(Wesley Sand)、德鲁·史密斯(Drew Smith)、苏珊娜·托西尼(Suzanne Tosini)以及很多不愿透露姓名的人士。

前　言

亲爱的读者，请把本书当成一份文摘，你不需要从头读到尾。如果喜欢这样，也未尝不可，不过，你可以先浏览目录，然后从那些自己感兴趣的内容读起。

关于麦肯锡

为了给不熟悉麦肯锡公司的读者提供一些背景知识，在这里对该组织做一下简单介绍。麦肯锡成立于1926年，过去和现在的员工都把它称为“公司”(firm)，现在它已经是世界上最成功的战略咨询公司了。或许它不是世界上最大的咨询公司，却是最有威望的。麦肯锡为《财富》100强企业、美国州和联邦政府以及外国政府提供咨询。它是国际商务圈里一个赫赫有名的品牌。

很多麦肯锡的高级董事凭自身能力已成为世界知名人士。洛厄尔·布赖恩（Lowell Bryan）曾在信贷危机发生时为参议院银行委员会提供咨询。大前研一(Kenichi Ohmae)所写的管理学和未来学方面的书在日本一直是最畅销的。赫布·亨茨勒(Herb Henzler)曾为德国总理赫尔穆特·科尔就商业和经济事务提供过咨询。再粗看一下麦肯锡校友们，他们已成为享誉全球的知名人士：汤姆·彼得斯（Tom Peters）是管理界的宗师，也是《追求卓越》一书的作者之一；哈维·戈卢布（Harvey Golub）[㊀]是美国运通公司CEO；阿代尔·特纳（Adair Turner）[㊁]是英国工业联合会主席。他们仅仅是麦肯锡校友的一个小小的缩影。

为了保持麦肯锡在业界的显赫地位（和赚取高额利润），公司每年都寻找商学院毕业生中的精英，用高薪、依托公司迅速上升的职业发展轨迹以及公司内的商界

㊀ 哈维·戈卢布于1992～2000年担任美国运通公司CEO。——译者注

㊁ 阿代尔·特纳于1995～1999年担任英国工业联合会主席。——译者注

精英队伍吸引人才。反过来，公司也需要他们全身心投入到客户服务中，融入数周或数月远离家庭的工作计划里，拿出最高质量的工作成果。那些满足麦肯锡标准的人，可以获得快速的提升，而那些落后者很快就会品尝到公司“不升职就离职”（up or out）这一严格政策的滋味。

与所有强大的组织一样，麦肯锡公司有一套建立在共同的价值观和经历基础上强大的公司文化。每个麦肯锡人都通过了严格培训，都曾在办公室夜以继日。对局外人来说，这些让麦肯锡看起来非常刻板且严酷——曾有一本管理咨询的书把麦肯锡比作耶稣会。实际上，正如我希望本书所能传达的，麦肯锡和它的员工一样是很人性化的。

麦肯锡公司有自己的术语。公司里到处都是缩写：EM、ED、DCS、ITP、ELT、BPR，等等。麦肯锡人把他们的任务或计划叫作“项目”[㊀]。在一个项目里，麦肯锡团队会寻找“关键驱动因素”（key drivers），以实现其“增加

㊀ 在麦肯锡，项目叫 engagement（约定），体现了麦肯锡对客户的承诺。——译者注

价值”的需求。和大多数术语一样，这里的术语很多都是缩写；如果你能理解的话，它们在公司内外都同样有用。

总之，如同任何强大的组织一样，麦肯锡是复杂的。我希望本书能为你掀开它神秘面纱的一角，让你看到一个成功公司内部卓越的运作过程。

关于本书

我将本书分成五部分。前三个部分重点介绍了麦肯锡人是如何思考以及如何解决商业问题的。第一部分到第三部分可谓是本书的“精华”，希望你能从中得到对职业生涯有用的东西。第四部分详细介绍了麦肯锡人应对生活压力之道。任何人在现今的商业世界中苦苦打拼，或多或少都会参透一些有用的（或至少是有趣的）东西。最后的第五部分简要叙述了我在公司里学到的经验和教训，并与读者分享一些在麦肯锡的难忘回忆。

我写本书的目的是给每一位希望在商界如鱼得水的人介绍新鲜而有用的技巧。那些想要学到“系统化的”“以事实为基础的”分析方法的读者会在本书中找到答案。

每个在当今商界丛林里寻找生存技巧的人，都将得益于简单易行的“麦肯锡方法”。

此外，本书也将为那些与管理咨询顾问打交道的高级管理人员，提供一些有关这些“怪人”思考方式的启示。每个咨询公司都有（或至少号称有）自己独特的方法，但管理咨询之根本都是缘于不带偏见的局外人进行的客观分析。其他公司或许没有使用麦肯锡方法，但其咨询顾问的思想和麦肯锡人是相似的。凡事预则立。

本书的写作基于1989～1992年我在麦肯锡做顾问时的经历。那段时间我学到了海量的知识，但这对于我向整个世界解释麦肯锡成功的技巧来说，仍是杯水车薪。幸运的是，我得到了帮助。我采访了数十位**麦肯锡校友**、项目经理和公司董事。他们在麦肯锡期间学到的知识和经验填补了我知识上的空白，使“麦肯锡方法”更立体、更丰富。

once McKinsey, always McKinsey。麦肯锡把离职的同事称为alumni，即校友。这一称呼非常贴切地反映了麦肯锡文化。

关于客户

“客户”这个词在本书每一章中都会出现。由于我是从麦肯锡的角度出发写本书的，所以客户这个词的意思就是出现问题需要你解决的组织。如果你不是某种形式的咨询顾问，那么严格来说，在处理商业问题时，你就没有客户。我喜欢这样说：你（或者你的组织）就是你自己的客户。这样看的话，不论是局外人还是局内人，客户这个词可变成适用于你工作的任何组织。此外，我相信如果你把所在的组织看成自己的客户，那么在运用本书说到的技巧时，你会得心应手。

麦肯锡有一条核心的美德——保密。公司严格要求保密。我和每一位麦肯锡校友都承诺过绝不泄露有关公司和客户的机密信息，即使在离开麦肯锡后也要遵守。我会遵守这个承诺，所以，本书中很多的公司名和人名都被隐去了。

正如我在开始所说的，对于本书你可以逐字逐句、从头到尾地整体把玩，或者像从一盒多彩的巧克力中取出一块来细细品味。不论你选择哪种方式，都希望你能捕获一些令人回味的箴言。

麦肯锡思考问题的方法

第一部分

麦肯锡是一家致力于解决商业问题的公司。麦肯锡成功的咨询顾问都对解决问题有极大的热情。正如一位前麦肯锡项目经理[⊖]所说：

解决问题不是你在麦肯锡做的一件事，而是你在麦肯锡做的每一件事。就好像你是在为每一件事寻找改进的方法，不论它以前是什么样的。你会一直问："为什么要这样做，这是最好的方式吗？"基本上你要始终保持怀疑一切的态度。

本书第一部分讲述了麦肯锡是如何思考商业问题的。重点介绍"以事实为基础的；系统化的；大胆假设，小心求证"的理念。这部分还会介绍麦肯锡着手处理商业问题的方法，以及在试图解决商业问题时可选的几条思路。

⊖ 项目经理（engagement manager, EM）一般是商学院毕业后有两到三年咨询顾问经验的人，是麦肯锡项目组的灵魂人物，按照客户和项目组的要求，指挥带动项目组完成任务。

· 第 1 章 ·

建立解决方案

麦肯锡的问题解决流程，和那里的每件事一样，体现了麦肯锡工作的三大理念[一]。当项目组首次会面讨论客户问题时，他们就知道问题的解决方案应该是：

- 以事实为基础的
- 系统化的
- 大胆假设，小心求证

在本章，你将学习到这些理念的含义，以及怎样将它们运用于商业领域。

[一] 在麦肯锡，“三”这个数字很神奇，公司里的很多事情都是以三出现的。这张清单有三条内容。如果问麦肯锡人一个复杂的问题，你得到的答案很可能是“这一问题有三个原因……”当然，还有麦肯锡生活的重要性排序：客户第一、公司第二、你自己第三（将在本书后面部分了解到）。

与事实为友

事实是砖，它铺成通往解决方案的康庄大道，构建支撑解决方案的中流砥柱。不要畏惧事实。

在公司，我们解决问题是从事实开始的。在接手项目的第一天，项目组的所有成员要对成堆的外部资料和公司的内部文献详查搜遍，收集充足的信息，以便在公司第一次团队会议中阐述问题的每个部分。起草出问题的初始假设后，团队要马不停蹄地收集必要的事实（经过相应的分析），来对这一假设进行证实或证伪。

刚开始在麦肯锡工作时，收集和分析事实就是你存在的首要理由。正如一位前麦肯锡高级项目经理[⊖]（senior engagement manager，SEM）所说：

拨开麦肯锡阐述其问题解决流程的华丽术语后，你

⊖ 高级项目经理，在许多情况下，作为初级合伙人，SEM负责多种研究，还要参与维护客户关系。他们承担合伙人的压力，但收入没有合伙人高。

就会看到麦肯锡对事实的热情，以及基于事实的细致和深入的分析。

事实对于麦肯锡的工作方法为何如此重要呢？有两个原因：第一，事实弥补了直觉的缺陷（见第2章）。麦肯锡顾问大多是**通才**，他们博学却涉猎不深，随着经验的积累和职位的提升，他们对涉猎行业的了解逐步加深。然而，即使从这个角度上说，麦肯锡人的经验还是有限的，比如他们在处理易腐烂变质食品的存货管理实务方面仍不比那些过去10年间一直在Stop&Shop从事配销运作的员工在行。那些从事配销运作的员工，凭借直觉，可能在10秒之内就会产生一个解决存货管理问题的方案（尽管他们也知道去核查事实），而让麦肯锡处理这个问题的话，他们首先会去挖掘事实。

麦肯锡顾问大体可以分为“generalist”（通才）和“specialist”（专才）两种。

第二，事实可以提高可信度。一位典型

的麦肯锡顾问（associate）[㊀]，一般是所在大学的尖子生，有过在大型企业工作两三年的经历，取得了顶级商学院 MBA 学位，一般在 27～30 岁。上任之初，他可能就要向一位《财富》50 强企业的 CEO 阐述自己的分析，不得不说，对于一位 27 岁的 MBA 毕业生，除非有相当数量的事实做支撑，否则 CEO 很难对他的新想法给予太多信任。这与一位初级管理人员向自己的上司提建议的道理是一样的。

尽管（或者可能因为）事实是有力的，但很多商业人士却畏惧它们。或许是害怕如果对事实的研究过于仔细，自己（或者上级）会发现不愿看到的事实。或许他们认为假如不去研究，讨厌的事实会自己消失——实际上它们不会。隐瞒事实预示着失败，真相最终会大白。你必须做到不畏惧事实，尽量去探求事实，要以事实为基础。

㊀ 顾问：入门级的麦肯锡顾问，通常有 MBA 学位。从技术上来说，任何一名咨询顾问，只要还没当上合伙人，即使他是最资深的项目经理，也仍然是公司的顾问。

对 MECE 原则应用自如

解决商业问题时，要形成自己的观点，解题思路必须在保持其完整性的同时避免混淆和重叠。

MECE（其发音为“me-see”）[㊀]，意思是“相互独立、完全穷尽”，它是麦肯锡解决问题流程的一个必要原则。新员工加入麦肯锡之初都会被深入灌输 MECE 思想。麦肯锡人的每份文件（包括公司的内部备忘录）、演示文稿、电子邮件和语音留言都被认为应当是 MECE 的。不管问多少麦肯锡校友，麦肯锡解决问题的方法中哪些他们印象最为深刻，答案都是“MECE，MECE，MECE”。

用 MECE 原则形成的观点是最清晰（因此混淆程度是最小的）、最完整的。MECE 原则的运用开始于解决方案的第一层——分解问题（把大的复杂的问题，拆分成小的容易解决的子问题），列出问题的构成清单。当你

㊀ 原词为 MECE，作者将其分解为 me-see，意思是我看。——译者注

自认为已经把问题解决掉的时候，请仔细研究一下这个清单。是不是每个问题都是独立、不同的？如果是，那么你的问题清单就是相互独立的。是不是解决了所有的子问题就解决了母问题？假如你的团队正在对一家美国著名的制造业厂商 Acme 装饰品公司展开研究，你面对的问题是“我们要增加装饰品的销量”，你的团队提出下列清单：

- 改变我们销售装饰品到零售网点的方式
- 改进我们向顾客营销装饰品的方式
- 降低装饰品的单位成本

希望这张清单看起来具有普遍性。下一个部分，我们将开始对细节层次的问题展开讨论。重要的是，清单是 MECE 的。

假如你增加了另外一条，“对装饰品进行业务流程再造”。应该如何使它与我们已有的三个问题保持一致呢？进行业务流程再造无疑是一个重要问题，然而它却不能和另外三个问题并驾齐驱。它和其他的子问题，诸如“利用我们的分销系统”，以及“改进我们的存货管理”一样，被列到“降低装饰品的单位成本”项下。因为这些都是降低装饰品单位成本的方法。把它们中的任何一个（或所有）与另外三个问题并列都会引起重叠，清单就不再是 MECE 的了。重叠意味着解决问题的人思维混乱，会引起听众的困惑。

一旦你有了一张清单，这里所有的条目都是独立的并且是不同的（即相互独立的），你还需检查它是否囊括了一切与问题相关的条目（即完全穷尽的）。回顾一下“对装饰品进行业务流程再造”，你把这一条置于“降低装饰品的单位成本”之下。如今你的一名组员说，“我们应该研究在生产流程中提高装饰品质量的方法”。

她的提议有些道理，但这是否就意味着你应该重新设计清单？不！你应该完善清单，在“改进我们向顾客营销装饰品的方式”项下，列出“进行生产流程重组提高装饰品的质量”；在“降低装饰品的单位成本”项下，列出“进行生产流程重组降低单位成本”。现在，你的清单是这样的：

- 改变我们销售装饰品到零售网点的方式
- 改进我们向顾客营销装饰品的方式
    - 进行生产流程重组提高装饰品的质量
- 降低装饰品的单位成本
    - 进行生产流程重组降低单位成本

假如你的团队提出了一些有趣的见解，它们却不在这些主要问题之列，应该怎么做呢？或许你可以忽略这些观点，但是这样做无益于 Acme 装饰品公司。你也可以将它们列为问题，但这样的话，问题数量会过多。一份好的麦肯锡问题清单，其一级标题的数量不会少于两个，也不会多于五个（当然，有**三个一级标题**最佳）。

这是一种自嘲的说法，业界的人经常拿麦肯锡的人开玩笑，学着说“这个问题我们有三点看法”。

对此，有一个解决方法是设立“其他问题”标题。如果你不确定应该把组员的两三个闪光思想置于清单何处，那就放进“其他问题”项下。但注意，不要把“其他问题”放在清单的头条——那样会很不得体。最好是把它置于诸多子问题之中，但如果“其他问题”出现在一次大型汇报的第一张幻灯片上，也会很突兀。所以，尽量使这些闪光思想与你的一级标题相符合。如果它们归纳不进已有的标题里，“其他问题”可以使你保持 MECE 原则。

直奔问题的解决方案：初始假设

解决一个复杂问题如同开始一段长途旅行，初始假设是你的问题解决路线图。

初始假设（initial hypothesis，IH）是麦肯锡问题解决流程的第三根支柱，也是最难解释的一个。为了便于向读者解释，我将本小节分成三个部分：

- 定义初始假设
- 生成初始假设
- 检验初始假设

定义初始假设

初始假设的精髓在于“在工作正式启动之前就形成问题解决方案”。这看起来有悖常理，但人们其实一直是这样做的。

假如你将驱车前往一家餐馆，它位于一个陌生的小镇。你知道需在史密斯大街的第三个路口左拐然后再右拐，那家餐馆就会出现在你面前。你只要按照方向行驶就可以了。恭喜，你具有初始假设。

解决商业问题远比找餐馆复杂得多，但初始假设发挥的作用是相同的。尽管初始假设描绘粗略，但它是指引你通向解决方案之路的地图。如果你的初始假设正确，那么解决问题就意味着通过事实分析证明这一假设，并为这张图添枝增叶。

回到前面 Acme 装饰品公司的案例。你和你的团队必须找到业务部门增加装饰品销量的方法。运用对装饰品的商业知识，经过头脑风暴之后，在花大量时间收集和分析事实之前，你们可能会提出如下的初始假设。

我们可以通过如下方式增加装饰品的销量：

- 改变我们销售装饰品到零售网点的方式
- 改进我们向顾客营销装饰品的方式
- 降低装饰品的单位成本

正如接下来我会介绍的方法一样，你将把每个议题分解至一到两个层级，从而决定你需要怎样的分析来对每个假设进行证实或者证伪。

记住，假设仅仅是有待证明其正确与否的理论，假设本身并不是答案。如果你的初始假设正确，那么，几个月后，它就将出现在汇报材料的首页上；如果它错误，那么，在证明假设错误的过程中，你已经掌握了足以迈向正确答案的充足信息。记录你的初始假设，计划你将如何证明它正误的过程，就是绘制通向解决方案路线图的过程。

生成初始假设

初始假设产生于事实以及通过事实解决问题的逻辑架构。因此，生成初始假设的第一步，必须要从研究事实开始。然而，记住，在知道该从哪里开始挖掘信息之前，你是不会愿意对信息做大量研究的。一位前麦肯锡高级项目经理有一种生成初始假设的好方法：

> 在项目开始时，我会尽量多了解事实。会花一两个小时来阅读行业内的出版物——不是为了收集事实，而是为了吸取行业内的信息，例如行业的术语是什么，行业的现状如何，等等。我会留意和寻找公司里该领域的行家。这是追上行业最新动向最为快捷、最为有效的方法。

生成初始假设时，不需要掌握所有的事实，只要概观行业和所研究的问题即可。假如问题来自自己的领域，可能你心里已经有了一些事实，这当然最好不过。但有了事实还不够，你要把事实按照一定的逻辑架构来整理。

构造初始假设，首先要将问题拆分，发现关键驱动因素（见第 3 章）。接下来，针对每个关键驱动因素提出可行性建议，这一点尤其重要。假如行业利润受天气影响很大，那么，天气就是一个季度里影响利润的关键性因素。“我们必须祈祷好天气”不是一个可行性建议；

而“我们必须提高应对气候变化方面的能力”就是一个可行的可被写成一级标题的建议。

下一步，你需要将这些建议分解到各个层级的各项议题中。如果所给的建议是正确的，它会产生哪些问题？想想这些问题的答案是什么。对于每个问题，你需要怎样的分析来证明假设的正误？根据经验和团队内部的大量讨论，你就会对哪些议题的答案能够被证实有较强的判断力了。这将避免你走进死胡同。

在 Acme 装饰品公司的问题中，假如项目组认为关键驱动因素是销售人员、顾客营销策略和生产成本，你就可以提出一个可行的、被写成一级标题的建议作为初始假设。

我们可以通过如下方式增加装饰品的销量：

- 改变我们销售装饰品到零售网点的方式
- 改进我们向顾客营销装饰品的方式
- 降低装饰品的单位成本

首先我们认真研究一下销售人员。销售人员是按照区位划分的（东北区域、中大西洋区域、东南区域，等等），产品主要销往三种类型的零售点：超市、百货商店以及专卖店。项目组认为销售人员应该按照顾客类型来划分——这是议题之一。

证明这一论点正确与否需要怎样的分解呢？你可以在每个区域将销售量按顾客类型进行划分。如果装饰品的销售对东北区域超市的渗透强于其他任何一个区域和其他零售渠道，那么查找一下原因。当你和东北区域的销售代表交流时，可能会发现他们在超市的营销方面比其他销售团队更得心应手。如果由他们来负责全国的超市销售，争取达到同样的销售水平，结果会怎样呢？这对装饰品的销售来说又意味着什么呢？

以上这个练习的最终产品就是麦肯锡所谓的议题树。换言之，从你的初始假设开始，在每个议题上进行分解，结果就会出现像图 1-1 那样的议题树。

完成了议题树后，就产生了问题解决路线图。这仅是简单的分析部分，困难的问题会在你做深入研究来证明假设的时候出现。

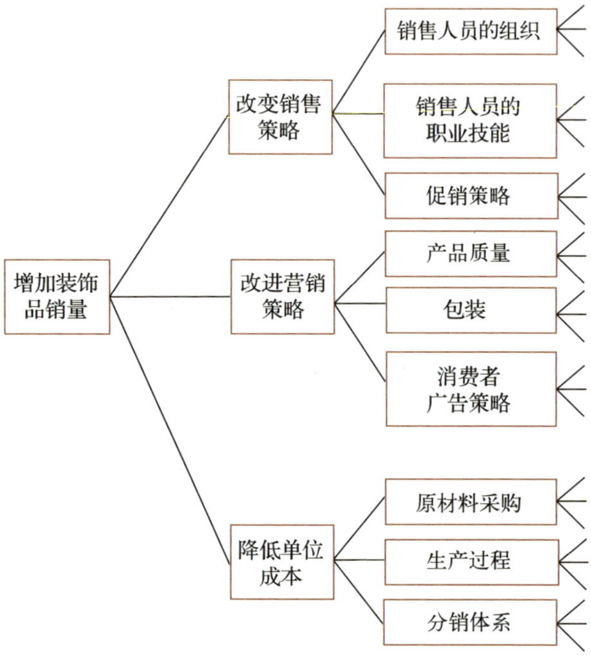

图 1-1 Acme 装饰品公司的议题树

检验初始假设

当你把问题解决路线图展开准备上路时，要检验一下路线图是否可靠。我们要检验该初始假设是不是你能设计出的最好的假设？你是否考虑到了所有议题？是不是考虑到了议题的所有关键驱动因素？是不是你所有的建议都是可行的并且是可证实的？

当我论述生成一个初始假设时，我用的是“项目组”而不是“你”，经验（以及我采访的许多麦肯锡校友）告诉我，项目组创作的初始假设要远胜于个人的创作，因为大多数人都不善于对自己的思想展开批判。我们需要其他人批评我们的观点，由三四个睿智的成员组成的项目组恰好可以胜任这一工作。

因此你的项目组开会生成初始假设时，就会形成百花齐放的局面。每个人都要准备自己的见解和初始假设。每个人都要推动其队友的思想前行，并验证所有的新见解。假如你是项目组的组长，也应该力争成为项目组的思想领袖。设法对项目组成员的观点换个方式思考，问一问“假如改变了这个，会有什么结果？假如推进这个想法，会有什么结果？对这件事情这样看如何？”在这个过程中，会有很多不切实际的观点，没关系，应该把它当成一种乐趣。这是大家畅所欲言的过程——只要有益于促进对问题的思考就好（更多办法和技巧，见第 9 章）。

· 第 2 章 ·

探索分析问题的方法

仅了解麦肯锡解决问题的流程，并不代表凭借“以事实为基础的；系统化的；大胆假设，小心求证”等方法，你就能叱咤商海、完胜而归。没有两个商业问题是完全一样的，你需要知道如何着手处理每个问题，并为之定制最佳的解决方案。

在本章，我将介绍麦肯锡人如何接手商业问题，以及怎样将麦肯锡解决问题的方法发挥到极致。

不要被表面现象所迷惑

有时候，一个商业问题落在案头，要由你来解决它。问题相当清楚，但是当你急于从四面八方展开行动时，请先确定你接到的问题是对的——它或许不是你要解决的那个问题。

一位有医学背景的麦肯锡校友告诉我，与医学问题一样，商业问题是有机且复杂的。患者走进办公室，对医生说自己得了流感。他会告诉医生自己的症状：喉咙沙哑、头疼、流鼻涕。医生不会立刻相信患者的结论，她会翻开病历，询问一些试探性问题后再做出诊断。患者可能得了流行感冒，或者是伤风感冒，抑或是某种更严重的病。不管怎样，医生不会仅靠患者的结论就做诊断。

在麦肯锡，我们发现客户和患者一样会做自我诊麦肯锡人把项目也称为“研究”（study），他们把商业问题按照科学研究的态度和工作方法来加以解决。

断，有时，问题极其模糊。我在公司的第一个**项目**，是帮助一家纽约的投资银行“提高利润率”——这个问题界定模糊，等同于患者告诉医生“我不舒服”。在另一个案例中，麦肯锡的一个项目组对一家制造企业某部门的扩张机会进行评估。经过几周的数据采集和分析，项目组最后发现，该部门不需要扩张，而是要关闭或者出售。

要想知道你接手的问题是否是真正的问题，唯一的方法就是深入探究。你要获取事实、提出问题、四处试探。沿着正确的方向前行通常并不会花很多时间，方向不清的情况下走冤枉路却是白费工夫。

当你确信自己正研究的问题是个错误时，该怎么做呢？如果医生认为患者的小症状里隐藏了更为严重的疾病，她就会告诉患者：“琼斯先生，我可以治疗你的头痛，但我认为这是某种更严重疾病的症状，我需要做进一步的检查。”同样的道理，你应该回到你的客户或者上司（最先要求你开始研究的人）那里，对他说：“您要求研究问题 X，但真正的影响来自问题 Y。如果问题 X 是您真正想要解决的，我现在就可以解决它，但为了彼此的利益，我们应该关注 Y。”一般试图改变对问题的定义也是以事实为基础的。客户有可能接受，也有可能要求你继续解决最初定义的问题，但提出客观的见解本身就是咨询服务的价值。

利用前辈经验，不要做重复劳动（一）

大多数商业问题的相同点都比不同点多。这意味着运用少数几个问题解决方法，就可以回答广泛的问题。这些方法也许就在你的组织里，或者在书本上，或者在同事的脑子里，如果都没有，那就自己发明吧。

和其他咨询公司一样，麦肯锡发明了大量解决问题的方法，并赋予它们好听的名称：附加值分析（analysis of value added）、业务流程再造（business process redesign)、产品市场扫描(product-market scan),等等。这些方法的功能极其强大,帮助咨询顾问把案头的原始数据变得条理清晰,帮助他们对客户的本质问题提出见解。咨询顾问可以转而将解决问题的重点置于“关键驱动因素”上,并开始着手寻找问题的解决方案。

我们经常使用的一种分析框架叫作外力分析。这一分析框架在项目开始时对于研究客户潜在的外部压力是很有价值的。该方法包括识别客户的供应商、顾客、竞争对手和潜在的替代品。接下来我们将这四个方面发生的变化列一张清单。它们会对客户产生哪些(正面或负面)影响呢?同样,哪些内部变化正影响客户和他们所在的行业呢?哪些因素会真正使客户对其产品的设计、制造、渠道、销售和服务的方式做出重大调整呢?

不论从事哪个行业,这个分析框架都能给你一个竞争环境的概览,而且有助于你形成竞争环境如何变化的观点。你不妨尝试使用这个分析框架,它看似简单,但对激活你的战略性思考能力极其有效。

在解决问题的过程之初这一框架的确很有用。例如，我是一个入职两年的顾问，加入了一个项目组，帮华尔街的一家大型投资银行重组其信息技术部。银行里所有的高管都要求重组信息技术部，而不希望仅就调整其计算机的运行方式做出一些改变。信息技术部真是一团糟，部门有 600 名员工、十几个不同的分部门和一整套汇报关系，简直让人头昏脑涨。

我（和其他组员）不知道该从哪儿入手，幸运的是，麦肯锡最近总结了一种新思路，叫业务流程再造，它成为我们工作的起点。公司那时正尝试用业务流程再造解决问题，通过我们项目的实践，为公司开创了新局面。这并非易事，但业务流程再造（与许多汗水、盒饭和不眠之夜一起）帮我们协助客户渡过了重组难关。假如那时还没有一个启动框架让我们专注于后来的行动，或许我们现在还日夜奋战在那个战场。

避免千篇一律

商业问题有相似点，但这并不意味着对它们要采取类似的解决方案。用以事实为基础的分析方法证实你的初始假设（或你的直觉），这更有利于别人接受你的观点。

如果你只有一把锤子，往往就会把每个问题都看成钉子。麦肯锡的批评家们（以及整个管理咨询业）都认为咨询公司将它的解决方案建立在有限的几套管理理念上。

至少在麦肯锡，上述评论是不对的。麦肯锡使用以事实为基础的分析方法，在为客户提出建议之前都需要进行严格的论证。贾森·克莱因是一位前麦肯锡高级项目经理，如今是《田园和小溪》以及《户外生活》的发行人，他这样谈道：

大家认为麦肯锡（以及整个管理咨询业）都有一个现成的答案，事实并非如此；如果那样的话，公司也不会像现在这样成功了。

从一个问题到另一个问题，分析工具也许基本是相同的，但你必须会运用这些工具。比如，根据我的经验，80% 的定价问题，结论都是“提高你的价格”。如果你进行以事实为基础的分析（需求曲线、盈亏平衡计算、预算）的次数多了，就会发现答案往往是——公司应该提高价格。但如果你不假思索地说这就是结论的话，就会遇到麻烦，因为你很可能遇到的情形是要“降低价格”。

若不想让千篇一律的解决方案出现，就不要盲目相信自己的直觉。随着经验的积累，见过和解决过的问题增多，你对所在行业的影响因素会有更加清晰的认识，虽然你的直觉常常是对的，但从美国前总统里根的话里我们可以得到些启示：“信任但要验证。”正如一位如今是商业银行家的麦肯锡校友所言：

一个有丰富商业经验的精明经理凭借直觉，常常可以得出和麦肯锡同样的结论——他用的时间很短，但大多数高级管理人员却做不到。这是因为麦肯锡一心一意地专注于一个问题，麦肯锡生成的问题解决方案比最好的公司高管生成的还要稳健。大多数公司高管会遗漏几个问题，因为他们没有花时间——通常也没有时间。

因此，纵然你的直觉反应也许（很可能）是对的，那也要花时间通过事实来验证。

不要寻找事实去支撑你的提案

要抵制把初始假设作为答案，而将问题解决流程视为对其证明的诱惑。你的思想要保持开放与灵活，不要让强有力的初始假设成为思想僵化的借口。

在一个大型保险公司的项目中，项目经理向他的项目组和客户保证，恢复客户利润率的方法在于减少“漏出”，即不经过金额理算就支付索赔。项目经理派了一名顾问计算过去三年中火灾保险索赔的漏出率，与其他麦肯锡顾问一样，这位年轻人孜孜不倦地完成了工作。他搜集了大量的索赔案例寻找“漏出”，结果却是：“漏出”很少，远远少于项目经理的估计。

项目经理没有实事求是地看待这些数据（实事求是意味着他需要修改自己的假设）。他简单地告诉一名同事再去调研，这一次包括汽车保险、海上保险、商业保险等，但任何地方都找不出预期的“漏出”率。

一天，项目经理坐在办公室，他看起来有些绝望。这时客户的一个项目联络人突然探头进来，他问了句：“尼克，怎么了？没有足够的‘漏出’吗？”

这个小故事的寓意是，不论你觉得自己的初始假设多么精彩绝伦、见解深刻、新颖独特，你都必须时刻准备接受证明你错误的事实。假如事实证明你的初始假设是错误的，那就根据事实做出调整。不要将事实捣碎硬塞进你的结构框架。

怎样避免这个情况出现呢？麦肯锡的方法是暂时放下手中收集事实和分析事实的艰巨工作，扪心自问，在过去的一周里（或者两周，也许更长）你有哪些收获？新信息是否适用于你的初始假设？通过做这些小事可以避免你走进死胡同。

作为结束语，我想补充的是，以上的故事，虽是真实的，但它代表的是例外，而不是大多数的情况，至少根据我的经历是这样的。而且那个项目经理早已离开了麦肯锡。

确保解决方案适合你的客户

即使是一个有大量数据做支撑的、有数亿元额外利润为前景的、精彩绝伦的解决方案，如果你的客户不能实施，它也是毫无用途的。要了解你的客户，了解这个组织的优势、劣势以及能力——管理层做得到的事和做不到的事。牢记你的解决方案要与这几个要素相符。

一位现任职于华尔街的前麦肯锡项目经理讲了这样一个故事：

我们曾经为一家大型金融机构做过一个削减成本的项目。当时，我们发现这家金融机构正忙于用卫星连接它所有办公室（它在全球有几百个办公室）的工作。这项计划在几年前就开始了，那时，这家金融机构已经完成了项目的一半。

我们断定运用现有的技术、传统的电话线，只需很少的成本他们就可以做同样的事。经过测算，按现值计算的话，他们可以节省 1.7 亿美元。

我们把这个研究结果告诉了负责的项目经理，他是一开始带我们做这个项目的人，他讲道："你们的想法很棒，我们很喜欢这个本来可以节省几亿美元的建议，但我们已经着手开始做卫星项目了，采纳你们的建议有很大的政治风险。要知道我们的能力有限，坦率地说，我们需要比这更好的点子。"

从某种程度上说，他没接受我们的意见真是难以置信。但从另一个角度讲，我们正在寻找其他可以为该组织节省 5 亿或者 10 亿美元的办法。所以我们的那个建议，即使不能算是节省了小钱，对他们来说，也就算是中等收益吧。客户的反应是合理的。假如我只能做 3 件事，那我就做 3 件最大的事。

麦肯锡选用那些在校期间学习成绩优异的员工，在分析问题和将解决方案系统化的过程中，对他们实施严格的训练。正因如此，麦肯锡人（尤其是新入职的员工）的第一反应就是竭力追求最佳的解决方案。

遗憾的是，当学术理想与商业现实相撞的时候，往往后者是赢家。企业里都是现实的人，他们有自己实实在在的优势、劣势和局限，只能运用组织里现有的资源做有限的事。一些事情，出于政治原因、资源不足或者自己无能为力，他们无法完成。

作为一名咨询顾问，你有了解客户局限的责任，假如客户是你的雇主（或者你自己的企业），那么责任就是双重的。了解这些局限后，你就得确保提出的任何建议都在客户力所能及的范围内。

有时，让解决方案来找你

麦肯锡解决问题的规则，如同它所有的规则一样，都是有例外的。你不是每一次都能生成初始假设。有时候，客户并不知道问题出在哪儿，他只知道问题的存在；有时候，项目涉及的范围太大（或者太模糊），从初始假设入手行不通；还有的时候你要开创新局面，你已有的经历已经不能帮助你找到解决方案了。别慌！只要你收集事实并且展开分析，解决方案就会自己来找你。

一位前麦肯锡项目经理哈米什 · 麦克德莫特讲了这样一个故事：

我曾为一家大型银行做过一个提高外汇业务业绩的项目。客户期望我们将后台运营成本减少 30%。那个时期我简直一筹莫展，想不出任何能够为该组织削减成本的初始假设。坦白地说，我们对后台部门运作方式的了解微乎其微。

我不得不与负责后台运作的女士和她的高级职员面谈。尽管她并非故意令人不快，但事实却是如此。这位女士直言不讳地说："你们从来没有做过后台运作，又对后台运作一无所知，那只会有两个结果：或者你们做出一些我们认为不可行的建议，这建议必错无疑；或者你们听取我们的意见，得出一些我们已经知道的结论，这种情况下，你们没有给公司带来任何价值。我知道你们一直在这里做项目，但依我看来，这完全是浪费我们的时间和银行的金钱。”

尽管如此，她还是提供了我们要求的数据。研究结果是，有一个产品，虽然只占银行业务的5%，其成本却占到了银行成本的50%。我们能够改变这一状况，而银行对这一情况却全然不知。在该项目接下来的阶段里，我们将这个分析扩展到了业务的其他部分，并轻松超出了我们的预期目标。

这个故事的寓意是，初始假设并不是成功解决问题的先决条件。具有初始假设有助于组织和推进思考，但假如你想不出初始假设，那也别灰心。每一个麦肯锡人都会告诉你，没有哪个商业问题的解决不受以事实为基础的分析的影响。有了充足的事实，用创造性的思维将它们结合在一起，就会得出解决方案。

对于解决不了的问题，那就随遇而安吧

最后，你碰壁了。别再执迷不悟了，继续下去没有任何好处。

我在麦肯锡的非正式**导师**曾经找我参加一项有趣而激动人心的研究。我们的客户是一家正忙于重组投资管理业务的大型金融机构，它面临着巨大挑战，数以千计的员工、数十亿美元的资产。处理这个业务的麦肯锡团队里有我的导师，还有我最喜欢的项目经理，这个团队简直就是对付这个有趣而又富有挑战性项目的绝妙良方。

麦肯锡的文化鼓励各层级的员工在公司内部找到自己的“导师”。这些“导师”通常都会无私地提供职业发展方面的辅导和忠告。如果你自己总是找不到导师，公司会帮忙介绍，甚至安排“相亲”。

这个良方本来应该是成功的，但结果却未能尽如人意。客户高级管理层的小派系阻碍了我们的工作。我们要求提供数据，他们或者迟迟不提供，或者提供的数据无法使用，或者根本就没有数据。我们约见的员工拒绝与我们交谈。客户团队的成员只顾赶自己的工作日程，不惜以牺牲早日达成解决方案为代价。做这个项目的几个月里，我们过得很不愉快，最后，我们尽自己所能提出建议，“宣告胜利”，然后撤退。

我们团队的这段经历在麦肯锡的历史上绝非仅有。解决问题的道路常常布满荆棘，用来证明假设的数据或者已经丢失，或者是糟糕透顶。有时候，企业意识到自己存在问题，但往往太晚了，当麦肯锡或其他咨询公司提出问题时，企业的命运已经注定。

最大的阻碍来自政治。要理解政治（以及它是如何帮助或阻碍你工作的），首先要明白企业里都是实实在在的人。你所看到的公司组织图上的小方框，就代表真实的人，你移动某个小方框的同时，也就改变了某个人的人生。正如一位前麦肯锡项目经理所言："变革管理有时意味着管理层的变革。"

麦肯锡的项目组来到客户身边，同时也为他们带来了改变。客户中的一部分人会欢迎我们如同白衣骑士一样为他们挽回局面，为其带来变革；而其他人看待麦肯锡就像一支入侵的部队，他们会视自己在公司的权力大小选择逃跑或者对这支部队进行驱逐。一位前麦肯锡校友这样讲道："客户的公司里至少会有一个部门抵触我们，不希望我们为问题提出真实的答案，没有这种情况的项目真是太少了。”

在多数情况下，当麦肯锡项目组引入高层管理人员时，公司员工会与他们欣然合作，为麦肯锡带来高效率。极少数的不满分子可能会抱怨甚至找麻烦，但最终他们都会被说服或者选择回避。但有时候，我们发现，当一个强势派系利用麦肯锡与另外一个强势派系斗争时，就会起争端。

当遇到棘手的问题时，你有几个选择：

对问题重新定义。你可以告诉客户，他们的问题不是 X，而是 Y。当你了解到解决 Y 问题会为客户带来很多附加价值，而纠缠于 X 问题只会得不偿失时，尤其要这样做。假如你尽早确立这个转变，你就表现出一种强大的商业判断力，假如你在几周之后才进行这个转变，就很可能面临被指责逃避问题的风险。

调整实施方案。有时候，你想出的伟大解决方案在客户的公司里不能得以实施——设计一个理想化的方案很容易，但是，通常你得考虑客户现有的人力资源。如果需要人事变动，就要做长期的规划，别为不能马上实施你的解决方案而担心。随着那些人离开客户的公司，你就可以“调整”实施的方式，逐步达到最好的结果。

攻克政治难关。即使是政治问题也是可以解决的。商业领域的大多数人都是理性的，至少在自己经营生意时是这样。激励总能起到作用。因此，你遇到反对势力，通常就表示你的解决方案对公司的某个人具有负面意义。所以，所谓政治就是人在为自己的利益而行动。

要攻克政治上的难关，就必须考虑你的解决方案如何影响公司里的各个利益方，必须让他们对公司的变化形成共识，这个共识要考虑他们的动机以及推进政治的组织因素。建立共识可能需要你改变解决方案，使它变得可以接受。行动吧，记住，政治是可能性的艺术，如果客户拒绝接受，设计一个理想的方案又有什么用。

· 第 3 章 ·

“二八法则”与其他

本章将介绍麦肯锡的咨询顾问在解决问题时发现的一系列有效的法则。我很难对它们进行分类，不妨叫作我的“其他议题”吧。

二八法则

“二八法则”是管理咨询业甚至商业领域里最伟大的真理之一。它无处不在：销售额的 80% 来自 20% 的销售队伍，一个秘书 20% 的工作会占据他 80% 的时间，20% 的人掌握着 80% 的财富。“二八法则”也不是屡试不爽的（有时候会有例外），但假如你注意搜寻公司里“二八法则”的例子，就会想出改进它的方法。

在麦肯锡，我看到“二八法则”一直在起作用。我常常赞叹它作为解决问题的经验法则所具有的强大功能。

第一次在麦肯锡做项目时，我还在商学院学习。我加入了一个项目组，与纽约的一家经纪行进行合作。经纪行的董事会希望提高其证券经纪业务的盈利能力——将股票出售给大型养老基金，以及类似于富达和 T. Rowe Price 的共同基金。

当客户询问“如何才能提高我们的利润”时，麦肯锡首先要做的就是后退一步，问这样的问题：“你们的利润来自哪里？”这个问题的答案并不总是显而易见的，即使对那些从业多年的人来说也是如此。为了回答客户提出的这个问题，我们的团队要仔细检查客户的**每一个**经纪人和交易员的**每一笔**账目。我们花了几周时间从每一个可以想象的角度研究这些海量的数据，通过对数字进行计算，我们发现：

- 80% 的销售额来自 20% 的经纪人
- 80% 的订单来自 20% 的顾客
- 80% 的营业利润来自 20% 的交易员

这些结果意味着客户在分配其员工资源方面存在严重的问题，后来我们开始关注此情况。一展开研究，我们就发现情况远比“80% 的销售人员很懒惰或者不能胜任其工作”更严重（和我们想象的情况不同）。例如，我们发现，客户有 3 个最强的交易员操纵着 10 个最大的账户。我们通过将这几个大账户在更多经纪人中进行分摊，把一名高级经纪人和一名初级经纪人指派给最大的 3 个顾客，从而增加了销售量。我们没有平分蛋糕，而是把蛋糕做大了。因此，“二八法则”为我们启动了客户的解决问题流程。

“二八法则”都是与数据相关的。每个产品的销售数据是多少？每个产品的利润呢？销售队伍中每名销售人员在销售方面表现如何？在利润方面呢？你的研究团队的成功率是多少？客户的地理分布是怎样的？如果对自己的企业有充分的了解（想生存的话，最好这样做），就该知道问哪些问题。当有了自己的数据之后，把它们保存下来，按不同的方式分类，通过对数字进行研究，就会发现数字具有不同的规律，这些规律将使企业中很多你意识不到的情况凸显出来。这或许就是问题所在（假如利润的 80% 来自 20% 的产品线，那就是个严重的问题），同时也正是机遇所在。找到机遇，好好利用吧！

不要妄想烧干大海

要更聪明地工作，而不是更辛苦地工作。很多数据都与你的研究问题相关，很多分析可以展开，但大多数你都得忽略掉。

麦肯锡通过收集大量事实来对假设进行证实或证伪，对分析进行支持或反驳——只要有充足的事实即可。这是在商业条件下，以事实为基础分析的另一个方面。任何过度地寻找事实都是在浪费弥足珍贵的时间和精力。

我曾在深夜为一位客户整理竞争对手的数据资料，那次我领悟了这个道理的重要性。当时我收集了海量的数据，试图从中提炼一点新见解。我的项目经理维克来到办公室，他手里拿着公文包和上衣，问我进展如何。我告诉他工作进展得很顺利，但还可以归纳出更多的图表。他拿起我的草图，迅速翻了一下，然后说：“艾森，快 7 点了，客户会欣赏你工作的努力，没有人比你的收获更大了。今天到此为止吧！你不能把海水烧干吧？”后来，我们搭一辆出租车一起回家了。

把海水烧干就是试图去分析得面面俱到。要有选择，厘清手头需要优先解决的事情。当已经做得足够多的时候，就停下来。否则，你花费许多时间和精力，结果却得不偿失，就像你烧干了大海，却只能得到一点盐。

找到关键驱动因素

影响企业的因素有很多，要关注最重要的那些——关键驱动因素。

在每次麦肯锡的内部讨论会上，都会有人使用这个生硬的词“关键驱动因素”，比如，“维克，我认为这是问题的关键驱动因素”。换言之，或许会有100个不同的因素（气候、客户信心、原材料价格）影响装饰品的销售，但最重要的因素是X、Y、Z，其他因素无足轻重。

工程师们有一条计算的平方律（square law of computation）。意思是说对每一个分量，系统求解所需的计算量至少与方程个数的平方数增长得一样快。换句话说，如果问题的复杂度变为原来的2倍，解决这个问题需要的时间就会变为原来的4倍——除非你做些简化。例如，太阳系中有数以百万计的天体，它们之间都有引力效应。天文学家在分析行星运动时，会忽略大部

分其他天体的运动。[㊀]

关注关键驱动因素就意味着钻研问题的核心，而不是把整个问题撕成一层层、一片片的小问题。然后，就可以将你完整的、以事实为基础的分析运用于能发挥其最大作用的地方，而不会走进死胡同。

“关键驱动因素”是一个强有力的概念，它可帮你节省时间、节省精力，帮你避免大海捞针地寻找所需的所有知识。

电梯法则

你已经对自己的解决方案（或者产品、企业）了如指掌，可以在 30 秒内向客户进行准确无误的解释。假如能做到这一点，就证明你对自己的工作充分了解，并足以推销你的解决方案了。

㊀ 关于计算的平方律与其他复杂性议题以及问题解决更深入的讨论，见 Gerald M.Weinberg, *An Introduction to General Systems Thinking* (New York: JohnWiley & Sons,1975)。

设想现在已经到了为一个大型项目做总结提案的时候了。你的项目组准备到凌晨 2 点，把你们的蓝皮书[一]归纳到一起，确定一切都准确无误，然后就整装待发。《财富》50 强客户的高管们都在翘首期待你们的智慧之言，他们齐聚在摩天大楼的顶层，围坐在圆桌旁。这时某 CEO 大步跨入会议室，说道："对不起，我不能参加这个会了，公司出现了紧急情况，我得去见律师。"然后他转而对你说："为什么不和我一起乘电梯，在电梯里告诉我你们的新发现呢？"在电梯里仅有 30 秒，在这段时间里，你能向这位 CEO 介绍你们的解决方案吗？你能推销出你的解决方案吗？这就是电梯法则。

许多公司使用电梯法则（或类似的法则），因为电梯法则是一种能保证高管们的时间得以有效利用的方式。宝洁公司要求经理们每次只写篇幅为 1 页的备忘录。一位好莱坞的制片人经常告诉剧作家他的新剧本"快被枪毙了"，假如 30 秒后，制片人对剧作家的发言很满意，

[一] 麦肯锡的演示文稿叫"蓝皮书"，因为它们都有蓝色的硬纸板封面。

剧作家就有机会与其进行更深入的交流，甚至可能做成这桩买卖。贾森·克莱因在担任《田园和小溪》发行人期间创立了电梯法则：

> 销售队伍那时候不懂得如何向顾客介绍我们的杂志，我们的广告在缩水。之后，我就用电梯法则训练他们，要求他们在 30 秒内完成对杂志的介绍。电梯法则成了训练他们的重要工具，我们的广告收入连年增长。

如何将 6 个月的工作浓缩在 30 秒进行介绍呢？从你的团队最先讨论的问题谈起。客户想知道每个问题的建议和它带来的收益。假如你的建议有很多，那就侧重谈 3 个最为重要的——能带来最大收益的那 3 个。可以在时间充裕的情况下谈支撑你论点的数据。

例如，你的分析表明一个制造业客户的装饰品销售不足，是由于它的销售人员本该按照购买者类型来划分，实际上却是按照地域来划分造成的。有大量的数据可以说明这个问题：按购买者不同类型对销售人员进行的分析，对购买者进行的访谈，对批发和零售渠道进行的实地考察，等等。在电梯里，你可以告诉 CEO："我们认为如果您对销售人员按购买者类别进行重新配置的话，3 年内，装饰品的销售量将提高 50%。我们稍后可以详谈细节。"

先摘好摘的果实

有时候，在解决问题的过程中，机遇的出现使你轻松获胜，或者在整个问题得到解决之前取得显著成效。抓住这些机遇！机遇并不会为你和团队创造全部胜利，但鼓舞了士气，增加了信任，让那些关注你的人知道你很能干而且很认真。

只要有可能，麦肯锡的咨询顾问就把这个原则付诸实施。麦肯锡的一个大项目要持续 6 个月之久（或者更久），如果让客户一直等到最终结论出现，他们会很不耐烦，而在得出最终结论之前交给客户一些实际的东西有助于缓解项目小组的压力。

在一个股票经纪人客户那里，对销售额和交易数据进行分析得出一些见解之后（幸亏有“二八法则”），我们想就自己的新发现与客户资产部门的高级经理进行交流。我们约见了该部门负责人以及组织里的其他业务部门：销售部、交易部、研究部，等等。

我领导大家对数据进行实际分析，所以由我来介绍研究成果。客户的团队有经验颇为丰富的华尔街高管，却丝毫没有意识到自己运营的效率是多么低下。

我的汇报产生了两个主要影响。首先，它使那些起初并不很推崇麦肯锡的高管们相信自己的组织存在问题，而且我们可以协助他们来解决。其次，我给他们留下了好印象，工作变得容易多了。在这次会议以前，我只是个自以为是、四处打听他们业务的 MBA，而之后，我变成了为他们工作并为他们解决问题的人。

通过先摘好摘的果实，我们抵制了囤积信息在研究期末做一次大型汇报的诱惑，使客户变得积极，工作变得轻松，自己更加愉快。

先摘好摘的果实，是一条能长期取悦客户的法则。客户或许是产品的购买者，服务的顾客，甚至是你的老板。不论他是谁，使他开心，让他知道他是你的最优先对象，这样做很有价值。如果你正在做为期 3 个月的软件设计项目，如果现在你编写的一套有用的程序可以在两周内解决部分问题，那就不妨把它展示给老板。不要等待了！解决一部分问题也同样意味着利润的上升，别让任何人觉得你已经放弃了完整的解决方案。小胜利对你和客户都大有裨益。

每天绘制一张图表

在解决问题的过程中，每天都会有新收获。把它们记录下来，将有助于推进你的思考。无论你是否采用这个方法，请记住：一旦你将想法记录在纸上，就永远也不会忘记。

每天绘制一张图表会让你觉得很琐碎，的确如此，可话又说回来，如果想完成从事实到解决方案的飞跃，这绝对是个好方法。

麦肯锡人典型的一天，一般是从早上 9 点的头脑风暴开始，10 点约见客户面谈，11 点开始参观工厂，然后与主管共进三明治午餐。接下来可能还有更多的客户面谈，每天晚些时候有小组会议，你还可以赶到沃顿商学院参加新人研讨会。在此期间，各种事实就像吸墨纸上不同色彩的交融调和，不断闪现在你的脑海中。即使你对每次访谈都做记录，花时间参加小组会议，重要的信息还是会丢失。

你可以在每天傍晚，用半个小时，坐下来问一问自己：“今天学到的最重要的三件事是什么？”然后把它们制成一两个图表——不需要花哨，也没必要太整齐。如果事实不能被制成图表（麦肯锡人尽量把每件事都绘制成图表），就把它们记成几点，放在不会丢失的地方——别把它们和其他东西一起扔进抽屉。随后，当展开分析时，就可以查阅图表和笔记，思考它们的含义，看看哪些地方适合解决方案。

当然，我们可以将这个小技巧发扬光大。一位在纽约办公室工作的德国项目经理，每晚都会做一套完整的演示文稿。对于大多数人，我并不建议这样做——至少不用一辈子都这样做。话说回来，项目经理远离家乡，人生地不熟，没什么别的事可做，试试本书第四部分的建议也不错。

一次只做一件事

你不可能做所有的事，所以也不要尝试这样，将自己分内的事做好就可以了。就好像打棒球一样，要一垒一垒地打。

加入麦肯锡不久，纽约办公室在一个度假胜地为我们安排了一次轻松的会议。一天，我们不得不中断热闹的高尔夫比赛、彩弹射击和品酒活动，去听一个讲座（听讲座也得做些准备的）。主讲人是一家电子产品公司的CEO，这家公司是麦肯锡的客户，CEO本人也是麦肯锡校友。他讲的主要内容是："不要把球击出场地。一次只做一件事，做好本职工作——不要试图去做整个团队的工作。"

他的话让我大为吃惊。麦肯锡的员工，一生都在想“把球击出场地”。他们有一流的学术背景，在其他领域也有突出的成绩。他们要给敏锐而挑剔的麦肯锡咨询顾问留下深刻印象，才能通过公司的第一次面试。如果刚加入麦肯锡工作就步调缓慢，对咨询顾问来说即使不招致反感，也会被当作怪人，这多少与麦肯锡人的工作步调有出入。

在麦肯锡积累了几年经验，我才领悟到 CEO 话中的智慧之处。有 3 个理由证明他的话是正确的：

- 你不可能事必躬亲
- 如果有一次，你设法去做了每一件事，就会让周围的人对你产生不切实际的期望
- 假如没能满足这些期望，将很难重新获得信任

你不可能事必躬亲。商业问题很复杂——麦肯锡处理的问题尤其如此。假如你没有带动团队其他成员一同解决问题，就是在浪费有价值的资源。这条原则对高级主管和刚拿到 MBA 学位不久的新人同样适用。极少有

人可用脑力和体力一直独演“单人秀”。

如果有一次，你设法去做了每一件事，就会让周围的人对你产生不切实际的期望。设想一下，你运用超人的努力使自己的表现超出了别人对你的期望。你将球击出了场地，并且打了（不知道怎么搞的）本垒。祝贺你。现在，老板或股东在每次你开始工作时都期望你有同样好的表现。

假如没能满足这些期望，将很难重新获得信任。在麦肯锡，有人说，你只要和上一次做得一样好就可以了。假如你有一次“不好”的项目经历，在它之后的一切工作都会受到影响。项目经理们不会再让你参与他们的团队，也不会再安排你到自己感兴趣的项目中。你不会再被安排到能升职的岗位。你在公司的职业生涯将受挫。开始准备简历吧。

同样的事经常发生在股市上。几家公告声称每年利润上涨 20% 的公司，股价一直处于上升阶段。假如股价的上升少了 1/4，即使是一分钱，势头就会发生逆转，华尔街就会像扔烫手山芋一样抛售公司股票，股价随之大跌。之后，即便公司重新回到原来的增长轨迹，恢复投资者对其的信心也需要几年。

小时候，有一种很有趣的棒球游戏。从流行的球员中，选出一个组合来做你的团队（卡尔·亚斯切姆斯基、桑迪·科法克斯、罗伯特·克莱门特），还有一些棒球传奇人物（鲁斯、科布、迪马吉奥）。每名球员的名字都写在一张圆纸上，纸上同时印了一种成绩：一垒打、二垒打、全垒打、出局，等等。每部分的大小由球员的职业记录决定。游戏规则是，在圆纸的中心钉上一个小指针，转动指针，指针停下来对应的队员就要击球。我记得一些全垒王，像鲁斯、迪马吉奥、亚伦，也拥有最多的出局记录。

奋斗要有目的，失败也要败得光彩，这些话总是说起来容易。麦奎尔多次出局，但只要他能够一直击本垒就足够了。在商场上，你最好一垒一垒地打。

以大局为重

时不时停下思路，问自己几个基本的问题：你现在所做的工作是如何帮助解决问题的？它是如何推进思考的？眼下做的事情是不是最重要的？如果所做的工作对解决问题没有帮助，为何还要继续？

在为客户或者公司处理难以解决的问题时，很容易在无数个需要花时间的工作中迷失方向，看不到面前还有一条泥泞的沟渠，自己深陷泥潭。分析 A 后要分析 B，似乎紧跟着就要分析 C。不断有新数据出现，要做更多的分析，你将日夜不停。

当觉得自己已经被淹没的时候，不妨后退一步，搞清楚你要设法解决的问题是什么。所谓“大局”就是那些支持你的基本假设的核心议题。该如何做到以大局为重？特定的分析或许在思维层面上是正确的，甚至是有趣的，但假如它不能使你离解决方案更近一步，那就是浪费时间。搞清楚要优先解决的事情，你一天只能做这么多事。没有什么比回顾一天或者一周的工作，发现想不出任何“最终产品”，收获的只有手头那些毫无价值的待解决的问题更让人沮丧了。

一位前麦肯锡项目经理告诉我：“在公司的那段时

间里，学习到的最有价值的事就是‘以大局为重’——后退一步，搞清楚我们要解决的问题，然后看看手头的工作，问自己‘这些工作真的最重要吗？’”

如实相告，坦诚以对

公司在每名新员工入职之初就向他们灌输职业操守的概念，这很正确。职业操守的一个重要方面就是诚信——对客户、团队成员以及你自己讲诚信。诚信包括在你一筹莫展的时候勇于承认。勇于承认的代价远远小于虚张声势的代价。

一天早晨，我们有一个重要进度会，客户是一家《财富》50 强的制造业公司。我们的项目组和项目责任董事[1]约翰当时正在审查汇报的每部分内容。完成我的那部分，已经凌晨 4 点了，准备好部分汇报内容后，我

[1] 项目责任董事（engagement director，ED）也叫董事。负责整个项目，大部分的项目责任董事一次同时领导几个项目。

已经筋疲力尽了。讨论进行到下一部分时，由于其内容与我无关且我对其一无所知，我的大脑就开始溜进了那片朦胧的睡意之中。我可以听到其他成员在讨论，但他们的语言从我的意识中流走，如同水从小孩子的手指中流走一样。

突然，我的梦境消失了——约翰问："艾森，你怎么看苏西的观点？"感到瞬间的惊吓和害怕后，我马上集中精力回想刚才大家的发言。在常春藤联盟和商学院多年的学习经历使我迅速清醒过来，提出了表示赞同的几点看法。当然，我的发言可以说是离题万里。

假如当时告诉约翰，"我不太确定——之前没看过这个问题"，就会平安无事。即使我说"对不起，刚才走神了"，他也会表示理解，毕竟，他也有过与我和其他麦肯锡人同样的经历。我没有这样做，而是试图掩盖事实。

几周后，项目接近尾声，团队举行了最后一次聚会，我们去了星期五餐厅，吃了很多烤干酪玉米片，喝了些许啤酒。随后，项目经理开始赠送每名组员有玩笑性质的礼物。他送我的礼物是一个可置于桌上的小画框，上面整整齐齐地印着：“只管说，‘我不知道’。”

这是个明智的忠告，至今那个画框仍摆在我的办公桌上。

不接受“我没有想法”这种回答

只要稍加探究，就会发现人们总是有想法的。问他们一些有针对性的问题，就会为他们知道的东西之多而感到吃惊。结合他们的知识和一些有根据的推测，基本上就与问题解决方案距离不远了。

如果问别人一个有关他们所在行业的问题，回答却是“我没有想法”，不要就这样走开。“我没有想法”是个信号，它的潜台词是“我太忙，没有时间回答你的问题”，或者是“我不够聪明，无法回答你的这些问题”，或者是“我太懒了，想不出有价值的答案”。

不接受“我没有想法”这个答案——要把它看成是

一种挑战。如同一位雕塑师要把一块大理石雕成大象，就要把所有不像大象的部分凿掉，你也必须用尖锐的问题来赶走“我没有想法”这样的答案。

贾森·克莱因想组建一个新业务单元的时候，有十足的把握最大竞争对手的花销超过了他。如何向董事会证明这一点，从而让董事会给予更多的资金呢？他告诉自己的团队做一个竞争对手的 P&L（利润表）来证明其开销的数量。他回忆道：

> 一开始建议做这项分析时，我的团队成员说，“我们没有想法”。我就追问他们，知道竞争对手在广告方面的开销吗？不知道，但我们可以做出有根据的推测。知道竞争对手在产品成本方面的开销吗？不知道，但我们可以估算出产品的单位成本，用这个数字去乘以财务报告上的销售量。
>
> 最后，我们完成了一个相当全面的 P&L，有力地支撑了我们的假设。或许与真实数据相差两倍，那又有什么关系呢？重要的是，数字的精确度足以做出商业决策了。

正如不能接受别人“我没有想法”的答案一样，你也不能接受自己有这样的答案，同样不能期待别人接受你给出这样的答案。这是“我不知道”的另一个侧面。稍加思考和调查，你就会明了这个问题，或者可以找出有关这个问题或观点的一些内容（当然，除非你在开会时睡着了）。

第二部分

麦肯锡解决问题的方法

在第一部分，我们了解了麦肯锡对商业问题的思考方法，以及运用“以事实为基础的；系统化的；大胆假设，小心求证”的分析来为客户达成解决方案的方法。在第二部分，我们将了解公司如何把问题解决的法则运用于公司日常工作。

我们将按时间顺序对麦肯锡的项目运作进行概览，从拓展客户（或者在麦肯锡的案例里，叫作不推销的推销）过程开始，接下来是组建团队、进行层级管理和头脑风暴。

第二部分的写作目的是让你有亲身经历过典型麦肯锡项目的感觉。但我希望，这部分内容不会像典型的麦肯锡项目一样，让你花 6 个月，每天工作到凌晨 1 点才能完成。

· 第 4 章 ·

拓展客户

麦肯锡的客户开发

麦肯锡的客户开发与其他大部分公司大相径庭，正如麦肯锡人所说的，这是由于麦肯锡从来不推销。麦肯锡虽然不做推销，但它却带来了持续和不断增长的业务量，因此了解麦肯锡是如何踏进顾客大门的会让你受益匪浅。

当你想把各种技巧作为解决问题的装备进行推销时，走进顾客的大门只是刚刚拉开了战役的序幕。你要组成一揽子能保证成功解决问题的方案。麦肯锡也有一些这样的东西值得学习。在本章，我们将了解麦肯锡的"推销术"，学习如何将解决问题的项目界定在一定的规模和范围内。

如何做到功夫在诗外

商业问题就像老鼠。它们悄无声息，直到啃你的奶酪的时候才会被发现。不是只要有了捕鼠器，顾客就会纷至沓来地找你购买。没有发现老鼠的人不会对捕鼠器有兴趣——直到老鼠现身了，他们才需要知道你有捕鼠器。这听上去像禅宗和尚（或者是加利福尼亚的管理咨询顾问）的冥想。不过，有时候正确推销产品或者服务的方式不是拿着大堆的免费试用装闯进顾客家里。只要在合适的时间出现，确保合适的人知道你的存在，就可以了。

一天晚上 10 点左右，我前往项目责任董事多米尼克的办公室，去送一些他第二天早上准备阅读的文件。令我吃惊的是，他仍然在伏案工作。我问什么事情让他工作到这么晚，他告诉我第二天早上，他要为一个潜在客户准备一次“选美”。

“祝你好运！”临走的时候我说，“祝你推销成功！”

“不，不！”他回答道，“记住，麦肯锡从不推销。”

这条格言听起来很奇怪。一家发展到如此大规模的公司怎么可能不做推销呢？但事实确实如此。麦肯锡这个奇特的文化起源于麦肯锡曾毕业于名牌大学的创立者，以及其就职于第二次世界大战前的财务公司。那个时期，专业服务公司做广告或者主动招揽生意都被认为是有失身份的。

时代变了，但不推销的传统留在了麦肯锡，因为这个传统在咨询业中确实十分有效。没有一个麦肯锡的项目责任董事会把冷冰冰的电话打到比尔·盖茨和特德·特纳那里，问他们是否有问题需要解决。麦肯锡从不在《福布斯》杂志和《巴伦周刊》上为自己电信咨询业 50% 的折扣刊登广告。虽然一个董事的薪酬很大程度上取决于他为公司带来的业务量，但没有人会出去找生意。麦肯锡从来都是等着生意自己找上门来。

生意确实会找上门来，这不是由于麦肯锡做了推销，而是麦肯锡做了营销。麦肯锡从几个方面来做营销，这几个方面都可以保证一旦某位高级主管认为自己有商业问题需要解决，就会首先把电话打到最近的麦肯锡办公室。麦肯锡源源不断地推出书籍和文章，其中有些具有相当大的影响力，诸如彼得斯和沃特曼[⊖]合著的《追求卓越》。同时，麦肯锡出版自己的学术期刊《麦肯锡季刊》，并免费提供给客户以及前咨询顾问，他们中的许多人已经在麦肯锡的潜在客户那里身居高位了。公司邀请多家媒体（也被媒体邀请）进行报道。许多麦肯锡合伙人和项目经理在各自的领域都是国际知名的专家。例如洛厄尔 · 布赖恩，他曾经为美国国会银行业委员会做过咨询；还有大前研一（他刚刚离开公司），被誉为商界领袖，在日本，他的绰号是“Keiei no Kamisama”——管理学之父。

麦肯锡也一直维持着与潜在客户进行非正式交流的庞大网络。公司鼓励合伙人参与“业余活动”，诸如慈善基金会、博物馆和文化组织；这些组织的很多成员是一些公司现任高管或者潜在客户。麦肯锡的咨询顾问经

⊖ Thomas I. Peters and Robert H. Waterman, Jr., *In Search of Excellence: Lessons from America's Best-Run Companies* (New York: Harper & Row, 1982).

常参加行业研讨会。公司合伙人会不时与老客户见面，这样不仅可以检查过去麦肯锡项目的结果，而且可以保证客户出现新问题时，麦肯锡依然能保持自己在其心中的分量。

这些努力不能用推销来解释，但可以确保潜在客户意识到麦肯锡的存在，这就保证了生意会自己找上门来。

假如你做过推销，那你很可能打过 cold call（给不认识的人在没有预约的情况下致电）。对某些人来说，打推销电话才是推销的乐趣所在。但即便是对已经打开市场的销售人员来说，他们仍需要做营销。

你与亿万富翁沃伦·巴菲特可能不在同一个慈善基金会，但你仍有办法与现有和潜在的客户建立联系。在展会、研讨会，甚至在酒吧，你都有机会让他们知道你。你的领域里有没有行业杂志？这些杂志往往都在寻找业内人士的文章。写一篇好文章，让你的名字出现在那些可能从未听说过你的人前面。你还可以约见竞争对手。今天的竞争对手极有可能在换工作后成为你明天的客户。要确保他认识你！所有这些都可以保证当你的客户有需要时能想起你。

谨慎承诺：严格规划项目

规划项目时，不论是作为一名咨询顾问推销自己的服务，还是被组织安排去解决一个内部问题，都要量力而行。树立明确和可到达的目的地。那样的话，你的目标是可以实现的，客户也会满意。

当客户带着问题来找麦肯锡时，他们希望问题在前一天就已经免费解决了。幸亏大多数客户知道这样的需求有点不现实。此外，对一个项目进行规划时，麦肯锡（具体到人通常是客户服务主管[1]或项目经理）会面临在最短时间实现最优结果的压力。麦肯锡是按小时收费的，收费并不便宜。

项目经理（或者在规划项目的任何人）既要站在客

[1] 客户服务主管（director of client services，DCS），又称项目责任董事，负责与客户的全面关系。客户服务主管在公司中拿的股份比只做合伙人要多，在公司层级中是最高的。

户和他们的需求一边，又要站在项目团队一边。如果对团队工作进度推动得过猛，造成工作质量下降，就要马上停止。总的来说，麦肯锡的咨询顾问在整个项目过程中是很努力的，但他们也有极限，他们需要偶尔过一过自己喜欢的生活。项目经理所面对的挑战，就是在客户的需求和预算，以及团队的工作极限之间做出平衡。要在这两股相反的力量之间找到平衡，就要组建一个由4～6名咨询顾问组成的团队，在3～6个月里完成项目，这样可以为客户创造实实在在的成果。

在客户组织内部工作期间，麦肯锡凭借其专长，往往会发现一些新问题，但这些问题，必须在另外的时间和另外的项目里解决。因此，麦肯锡项目本身能带来新业务。只要客户对麦肯锡已有的工作成果满意，就会有源源不断的新业务找上门来（因此，麦肯锡往往不需要和别人竞争）。

作为一个组织，麦肯锡了解自己的团队对项目交付的能力。最好的项目经理往往可以将客户的需求和团队的交付能力平衡到精确的程度。项目经理告诉客户："我们计划做 X 和 Y。我们也可以做 Z，但是那样的话，团队会吃不消。”然后告诉他的团队：“你们看，我们已经向客户许诺做 Z 了，我们得拿出成绩来。”进而，团队会开足马力工作，同时，客户会觉得麦肯锡的服务物有所值，甚至对其交付成果喜出望外。

当然，不是每一个项目经理都能做到这样。我在麦肯锡工作期间，有些项目经理以对客户许诺太多而让团队处于水深火热而闻名。团队都不愿与这样的项目经理合作，这些项目经理对项目的最终成果概念模糊，扔给团队的仅仅是想当然的任务。

从麦肯锡的从业经历中可以学到哪些系统化解决问题的方法呢？假如你是一名咨询顾问，正在为客户起草一份建议书，那么答案很简单：你要量力而行，了解你和你的团队的交付能力。

假如老板来到你的办公室，说：“现在出了一点问题，我们希望你领导一个团队来解决它。”这个教训就有点复杂了。不要欣然接受还说：“没问题，老板。”假如这样做了，结果只会是自讨苦吃。

在紧锣密鼓地开始寻找解决方案之前，要对问题的边界有一个整体的感觉。你和你的团队能在规定时间解决这个问题吗？如果不能，去争取更多的时间，或者坐下来和老板商量一下，将大问题分解成容易解决的小问题。搞清楚每个小问题的最终成果是什么：一条建议、一套新的实施计划，或者是一种新的产品设计，等等。算出完成任务需要多少资源，并从老板那里获得拥有这些资源的承诺。提前做这些工作可以省去几个月的麻烦。

在项目一开始就对其进行适当的系统化可能不会确保你成功，但至少可以让你有一个好的开始。

·第 5 章·

组建团队

关于麦肯锡团队

在麦肯锡，你不会独行——至少不会独自作战。从前台的客户项目工作到后台公司内部的决策制定，公司里的每件事都是由团队来完成的。我工作过的最小团队只有我和项目经理，当时我们在为纽约的一家戏剧公司做公益项目。另一方面，公司最大的客户可能每次都需要好几个由五六人组成的团队，它们在一起就形成了“超团队”（metateam）。20 世纪 90 年代初期，美国电话电报公司的超团队成员打算聚在一起讨论工作，麦肯锡公司总部竟没有足够大的房间容纳他们，最后只好去新泽西酒店预订开会场地。

麦肯锡之所以信赖团队，是因为它能最好地解决客户面临的问题。一个人去解决复杂的问题很不现实——

至少不可能满足麦肯锡的高标准。更多人就意味着更多的力量去收集和分析数据，更重要的是，这也代表有更多的思想来思考数据的真实含义。假如在工作中遇到了复杂的问题，你也应该组成一个团队来解决。面对复杂的事物，人多不仅好办事，还能办好事。

麦肯锡开发了一系列组织和维持高效能团队的策略。在本章，你将学习到如何为团队选拔合适的成员，也将学到一些让你的团队保持愉快以及在压力下保持高效的方法。

合理选拔团队成员

不能随意挑选 4 个人让他们去解决问题。要考虑具备哪种技能和个性的人对你的项目最有帮助，然后仔细挑选团队成员。

要想成功解决商业问题，必须谨慎地选择你的团队，对现有资源进行最好的组合。麦肯锡得益于它有一个全球范围的、精明睿智的人才队伍，麦肯锡对每个人的优势和劣势一直保持着密切追踪。即便拥有这样的优势，项目经理和合伙人也必须学习选拔人才的艺术。即使你不能调动合理的资源，选拔团队成员的经历对你来说也是大有裨益的。

麦肯锡人有两种团队选拔理论。第一种理论认为，智慧最重要——要为你的团队挑选最聪明的成员，不管他们的阅历或者个性如何。第二种理论认为，最重要的是成员的特定经历和技能；聪明在麦肯锡是基本的——每一名麦肯锡咨询顾问都很聪明，否则，他就待不下去了。

这两种理论都不是完全正确的，但也不都是错误的。选拔合适的团队依问题和客户的不同而异。一些问题需要做大量的分析，例如，有海量的数据等待分析时，就需要两三个数据计算方面的强人，你不会管他们是否会边走边嚼口香糖。另一方面，假如你正在处理一个大型的组织架构重组项目，其间要做很多敏感的决定，这就需要你的团队里有善于人际交往、在实施变革方面颇具经验和影响力的人士。

在麦肯锡，没有项目时叫“在海滩上”（on the beach）。在项目上待久了的顾问会很向往“海滩生活”，在“海滩”上待久了的顾问会着急上项目。

麦肯锡的团队配置过程也很值得借鉴。一个项目开始时，项目经理和合伙人会在当时的人力资源库中选出团队成员。“职业发展经理”(manager of associate development)会告诉他们哪些员工现在**没有项目**，并且给他们一张清单，列明每位顾问的经历，以及对其分析能力、客户管理技能等进行的评估。在选拔团队的过程中，最容易出现的错误就是按评估信息挑选团队成员。一位聪明的项目经理在他潜在的团队成员上岗前往往要先进行一次谈话。

具体来说，如果你在项目开始之前可以挑选团队成员，千万不要根据评估信息接受那些照理说应该还不错的人。要和他们见面，与他们交谈，看他们被推荐背后隐藏的原因。可能萨莉在上个项目中只是比较幸运，或者彼得是 CEO 的外甥，他的上一个老板不敢对你袒露真相（当然，假如他真的是 CEO 的外甥，你或许就真的要留下他了）。或许卡罗尔很优秀，但和他交谈 15 分钟后你会发现，假如他在你的团队，会把你逼疯的。

时刻谨记，假如你足够幸运，可以挑选你的工作伙伴，一定要谨慎地选择。

一点联络感情的活动，会大有裨益

团队成员相处融洽，团队就会表现优异，成员也会过得愉快。作为一名团队领导，应该努力增强团队的凝聚力，别让大家感到乏味。

对麦肯锡人来说，团队活动是少不了的。一个项目中，少说也有几次这样的活动，比如去当地最好的餐厅，或者看看演出和比赛。麦肯锡总会乐意出资赞助此类活动。有一位项目经理曾经把他的整个团队带到佛罗里达州去度周末。

作为一名团队领导，你的问题是需要多少团队活动才合适。与一些麦肯锡校友交谈过后，结合个人经历，我敢大胆地说："不需要太多。"一点团队活动就可以起到很大的作用。作为团队领导，你在提高团队士气方面还有很多重要工作要做（见下文）。阿贝·布莱伯格，一位前麦肯锡高级项目经理这样说道：

> 我不能确定团队活动是不是那么重要。重要的是团队能在一起工作，相处愉快，这会在项目进行的过程中体现出来。同样重要的是每个人都感到自己和自己的想法能得到尊重。
>
> 团队活动不是"你是不是经常请你的团队吃晚餐？你们出去看电影了吗？你们去看马戏了吗？"大多数人，

即使是很努力工作的人，也希望有私生活，希望把时间省下来和自己的家人在一起。我认为这是比看马戏更重要的事。

最重要的是在工作过程中凝聚团队。一个典型的麦肯锡团队每天会在客户驻地工作 10～14 小时，还要在办公室过一天周末。这些时间对于凝聚一个团队已经足够了。同时，在外地项目中，团队成员往往都是共进晚餐的。作为团队领导，你难道还想占用他们更多的时间吗？如果团队不和谐，一起吃大餐又有什么用呢？它能使一段不愉快的工作经历变得愉快吗？

因此，在管理团队的时候，对团队活动的选择要慎重。试着让团队的“家属们”参与到活动中来，这有利于他们了解他们挚爱的人（团队成员）现在在干些什么，也有利于你了解团队的成员。此外，要尊重他们的时间。一位麦肯锡校友注意到，在麦肯锡，最好的团队聚餐时间是中午——这表明项目经理知道他的顾问也有私生活。

掌握火候，保持团队士气

保持团队士气是一项自始至终的责任。如果忽略了这一点，团队的表现就会不佳。要确保你了解团队成员的感受。

在麦肯锡的时候，我参与的项目中有两个结果都不是很好。这两个项目都涉及客户的政治斗争——麦肯锡的团队像一个足球，被客户公司里的几个派系踢来踢去。一个项目完成后，我意识到我们并没有成功，但却要开始下一个项目。另一个项目做完后，我就准备辞职了[㊀]。为什么会有这么大的差别呢？原因在于士气。

那个差劲的项目经理（不能透露姓名）使用蘑菇种植法（mushroom method）进行管理："在黑暗的环境下不断地施肥。"我们这些顾问始终不知道项目的进程，也始终没有感觉自己所做的事对客户或团队是有价值的。另一个优秀的项目经理一直让我们了解项目的进

㊀ 我没有离开公司。花了一周时间在威尔雪场滑雪，之后感觉好多了。

程，即使他不知道，维克也会告诉我们。我们了解客户的政治派系（我们能理解这一切），这就简化了我们和客户的工作。同时，我知道维克的大门始终是敞开的，他既引导着我们也引导着客户。[㊀]

保持团队士气的秘诀是什么呢？不止一条——请先记住几条简单的法则吧。

掌握火候。和你的队友多多交流，了解他们是不是对自己现在的工作满意。问问他们是否对手中的工作感到困惑，解答他们的问题。如果他们感到不愉快，就马上采取补救措施。

稳步前进。假如你对团队的任务优先级或分析犹豫不定，团队就会感到困惑，甚至士气低落。你要了解前进方向，稳步前进。如果需要一天时间来弄清楚这件事，马上去做。如果要做一个大的改变，就告诉你的团队，向他们解释原因，让他们参与，至少让他们知道你的思考过程。

㊀ 两位项目经理后来都当上了董事——也许你可以就公司对项目责任董事的技能评估做出评论。

让队友知道手头工作的价值。每个人都希望自己的工作是在为客户增加价值。最让你和团队成员感到泄气的事，莫过于让他们觉得自己的工作毫无价值。不能让团队觉得“花了两周时间却什么也没做”。

尊重你的队友。没有任何理由对别人不尊重，这很不职业也不道德。尊重不仅意味着有礼貌，还意味着记得你的队友可能有更重要的事要做，他们还有工作之外的生活。或许你喜欢每周工作 6 天，每天都工作到午夜，但你的队友却可能有更重要的事情要做。当然，你的团队也许常常要工作到很晚，但要保证晚上 10 点的团队会议结束就让他们下班。尊重也意味着不要让别人做你不愿意或没有完成的事情。作为一名顾问，在工作到午夜的时候，如果知道我的项目经理也在工作，会感到很欣慰的。

人性化地了解你的队友。他们是不是结婚了？是不是有孩子？他们有哪些爱好？这些问题都有助于增进对他们的了解。和他们分享自己的经历，这会使队友们觉得你是“他们”中的一分子。顺便说一句，这是一种远比带他们出去打球更好的增强团队凝聚力的方法。

当工作遭遇困难时，用“比尔 · 克林顿法”。正如我两次糟糕的经历一样，有时候你也会遭遇一些困难。问题不好解决，客户难以取悦，除了告诉你的团队“你的痛苦我感同身受”之外没有太多的话可说。在某个时刻，你必须要坚持下去，这就是人生。

花几个月的时间解决复杂的商业问题并非轻而易举之事。然而，假如你遵守保持团队士气的法则，至少在项目结束时你的团队不会想集体辞职。

· 第 6 章 ·

层级管理

麦肯锡的指挥链

一谈到指挥链，麦肯锡似乎就有点“双重人格”了。一方面，麦肯锡声称它没有真正的等级。另一方面，不论是过去的还是现在的麦肯锡人都会告诉你公司里存在两套（至少两套）等级。这两种说法都是正确的。

我想不出还有比麦肯锡更讲平等的公司了。作为一个顾问，我可以不事先预约就走进项目经理的办公室，和他探讨我最近的研究。在公司的会议上，每一个观点，不论它是出自最年轻的分析人员，还是最资深的合伙人，都有同样的分量，都会经历一番唇枪舌剑（至少公司要求这样，而通常真实情况也是如此）。

同时，麦肯锡有明确的指挥链。高级合伙人，以及较低职位的合伙人会就公司发展的方向做出决策，项目经理、顾问、分析师以及职能人员和他们在一起工作。假如我不同意项目经理的某个论点，最终的决策者是他。类似地，高级合伙人的观点也会战胜项目经理的观点。

麦肯锡也有一套非官方的层级：其中一个是建立在工作经验和学历的基础上——你有多优秀（或被认为有多优秀）。在每一个层级，都有一些人被认为是“明星”。明星顾问可以挑项目做，许多顾问会争相去找那些炙手可热的项目经理，每个人都希望最好的项目经理和客户服务主管做自己的指导者和职业生涯的缔造者。另一方面，表现不好的顾问不会在公司工作太久——做过一次糟糕的项目，就没有项目经理和合伙人愿意把他安排在自己的团队了。类似地，顾问们一般也会知道要避免和哪些项目经理合作，哪些合伙人在公司大势已去。

每家公司都有自己的层级管理方法。你的企业层级管理方法与麦肯锡可能完全不同。此外，每一名麦肯锡人在处理层级关系方面都学到了一些可以运用于其他企业的方法。这些方法可以帮你避开麻烦，取得成功。

让老板脸上有光

如果你让老板脸上有光，老板也会让你很有面子。这就是层级制度中的交换。

作为一名入职一年的顾问，我会花几周时间为客户准备一份分析竞争对手的综合资料。当和一家等级制度森严的制造业公司高管分享我的研究成果时，由于我太“嫩”了，需要由我的项目经理来做汇报。尽管我感到很失望，但能理解这个决定背后理性的一面。

我接下来的工作就是花几个小时让项目经理对这部分内容的了解和我一样熟悉。第二天，项目经理做了很有说服力的演讲。项目经理回答客户的问题，其间我为他写纸条，在他耳边小声告诉他情况，指给他汇报稿中重要的页码。客户对我们的介绍以及项目经理留下了深刻的印象。而项目经理（我的老板）和合伙人（我老板的老板）对我留下了深刻的印象。我出色完成了任务，全公司都知道了我。

在任何层级制组织中，每天，你的老板都是你世界里最重要的人。当你在团队工作，而团队远离公司在偏远的城市甚至是异国他乡的时候，老板的重要性还要上升一个等级。你的老板或许就是公司里唯一能注意到你的人。让她高兴，最好的方式就是让她脸上有光。

让老板脸上有光意味着两件事。首先，要尽自己最大的努力做好工作。很明显，假如你的工作质量很高，老板的工作就会容易很多。其次，当老板需要了解你所知道的东西时，毫无保留地告诉她。要确保信息畅通。让老板知道你在哪里，你正在做什么，你可能遇到的问题是什么。同时，不要给她太多的信息，想想老板可能会需要知道哪些东西，用一封逻辑清晰的电子邮件或者语音留言来告诉她。

把这些事情做好对你和你的老板一样有益处。用一位著名发型师的话来说就是，你的老板脸上有光，你就脸上有光。

层级管理的激进策略

如果你很想做某件事，就尽力去做，直到有人阻止你。显然，这个策略不是对每个人都适用的。

哈米什·麦克德莫特是刚入职的新员工，他是剑桥大学的哲学硕士，被安排为洛厄尔·布赖恩（他是很有威严的公司合伙人）做一个公司的内部研究项目——麦肯锡叫作职业发展。洛厄尔刚刚完成了一本有关银行破产方面的书的第 2 章，向哈米什和团队里其他人征求意见。哈米什把洛厄尔的话当真了，写下了书中存在的很多逻辑问题。哈米什回忆道：

> 进公司一周后，我就向金融业务部的领导提出了他的书逻辑上互相矛盾的地方和论证失败之处。而且，我用的语气就像是在剑桥答考试题一样，平铺直叙、高高在上：“某某人为详细说明他的论点做出了大胆的论述，但在以下 16 个方面仍存在不足。”

洛厄尔那时在外地工作，哈米什没有把自己的评论给项目经理看，就直接传真给他。在很多公司，这样做足以让哈米什被解雇了，但是洛厄尔觉得无所谓。之后，哈米什的项目经理对他说："或许你应该注意评论中的语气。"事实上，书出版的时候，洛厄尔送了哈米什一本，题有"感谢你的帮助，尤其是对第 2 章"。后来，哈米什在公司中的职业发展一直很顺利。

这个故事说明，在一个强调平等的组织中，至少你可以要求自己平等的权利——直到有人告诉你，"不，你得服从我的命令"。你会发现这种情况很少发生。正如哈米什所说：

> 这听上去有些极端，但是在某种程度上，要想成为一名成功的咨询顾问，你就得要求自己平等的权利。往往，你会处于这样的状态，你必须假定自己可以做一些事，或者通过和某人交谈，得到一些信息，即便是没有明确的授权你也可以这样做。

这个策略有些冒险，一个组织，它的层级制度越强，这样做的风险就越大。在一个更加严密的组织里，你要对其他人职权的范围保持敏感，并时刻准备放弃自己原来的主张；否则，别人可能会让你难看。

· 第 7 章 ·

进行研究

麦肯锡的研究

麦肯锡解决问题流程从做研究开始。当团队构建起初始假设时，在团队将议题分解并找到每个关键驱动因素之前，是需要信息的。

在麦肯锡的职业生涯开始之初，你的主要时间都将花在收集数据上，或是在麦肯锡的图书馆，或是通过麦肯锡的数据库，也可能是通过互联网。收集、过滤、分析数据是麦肯锡的新员工反复操练的技能。

因此，麦肯锡掌握了一套研究技巧。你可以运用这些技巧为你的商业问题找到答案。

利用前辈经验，不要做重复劳动（二）

无论遇到什么问题，可能都有人在某个地方已经对类似问题展开研究了。这个人或许就在你的公司，打个电话就可以解决；或许他在与你同一领域的其他公司工作，而他已经注意到了同样的问题——你要找到他们，认识他们。然后再做你的研究，提出问题，这会为你节省很多时间和精力。时间是宝贵的，不要浪费时间做别人已经做好的事，再去重新发明车轮没有意义。

麦肯锡有一个电子数据库叫作 PD 网[1]，这个数据库里有最近的项目和内部研究的报告。我还是个入职一年的顾问时，在项目之初，我的工作之一就是在 PD 网上搜索那些对我们现在的项目有所启发的事件：类似的产业、类似的问题。难以避免的是任何 PD 网搜索的结

[1] 所有 PD（研究成果）网的电子数据库的工作都是由麦肯锡公司来完成的。它包括内部研究以及从前对客户研究的成果。出于保密的目的，公司在将内容存入系统之前，隐去了客户的真名和部分的数据。

果都会是海量文件，我要从中找到极少的相关文件。不过，这项让人夜以继日的工作往往会卓有成效，使我们走上正确的道路。

麦肯锡还有许多其他资源，帮助咨询顾问工作得更聪明而不是更辛苦。这些资源包括不错的商业图书馆，你可以找到感兴趣的所有商业期刊和商业书籍；图书馆还对接了各大主要的商业数据库，如 Lexis/Nexis，Dun & Bradstreet，Datastream 以及互联网。最重要的是图书馆有兢兢业业工作的信息专家，他们尽一切可能为咨询顾问们提供信息——不论是从 PD 网、图书馆还是其他途径。麦肯锡还有一支卓越的研究团队，他们是专业领域里的专家；当我们本月做银行业项目，而下个月为喷气式发动机生产企业服务时，他们堪称是宝贵的资源。

加入麦肯锡后我做的第一个项目针对的客户是一家大型计算机硬件和软件制造商的财务部门，他们希望在国际市场上扩大份额。客户希望知道大型联合企业是如何管控海外分支机构的财务和管理的，以及它们的管理方法都有哪些利弊。项目经理让我来负责这个项目。我用了 3 周时间对世界上最大的 4 家大型联合企业进行了近距离了解，找到了一些对客户可能会有用的东西。

我首先去搜 PD 网。幸亏麦肯锡另外一个团队最近刚刚对我项目里最复杂的一家目标企业——戴姆勒 - 奔驰的组织概况进行了整理。那天下午，我拿到了这些即使自己全身心研究也要花上一周工夫的文件；更重要的是，我知道了研究戴姆勒 - 奔驰的专家的名字，以后有问题就可以请教他们。我有了更多时间去研究其他公司，团队也能完成一份让客户印象深刻的文件了。

你可能不能用 PD 网，但假如你在一家大公司工作的话，或许可以获得公司的“公司知识库”——数据库、文件、培训手册和同事。即使你是孤军奋战，也有海量的信息可以利用——行业杂志、数据包，以及互联网。当地的图书馆怎么样？花上几个小时，你也会找到大量的信息和有价值的资源。

要增进对竞争对手的了解。很多商业人士分享信息的原则是“有来有往”。假如你从事广告行业，却发现你所在城市的咖啡馆里有其他广告公司的广告，就要敲响“警钟”了。

不论你做什么事情，都可能有人在某个地方已经做了类似的事情。从其他人的成功和教训中学习经验，充分利用你的宝贵时间，别做无用功——重新发明车轮。

专题研究的秘诀

利用经过检验的秘诀去激发研究工作。

在撰写本书过程中，我曾拜访过数十位麦肯锡校友。他们不但针对我的问题给出了系统化的答案，而且传授了很多在麦肯锡工作中不同方面的技巧和秘诀。以下就是让你的研究更有成效的百宝箱。

从年报开始。如果你想迅速了解一家公司，首先要做的事就是找到它的年报。年报很容易找到（很多公司都把年报放到互联网上），而且年报的财务数据背后往往包含着大量的信息。

拿到公司的年报后，首先找到前面的“股东信息”或者“董事长寄语”，仔细阅读这部分，带着一点怀疑，你就会发现公司在上一年度表现如何，管理层对公司今后的发展方向有哪些期望和战略。你还要迅速浏览一下公司的财务指标明细，比如股票价格、收益以及每股收益。进一步研究年报，找到公司的业务单元和生产线，公司的高管是谁？在哪些地方有办公室和生产设备？然后开始开足马力研究数字。

公司的年报可以帮你迅速展开研究。

寻找异常值。当你针对问题的某一个方面收集了大量的数据之后，就要开始找异常值——特别好或者特别差的东西。计算机可以帮你很快了解大致情况。

假如你正在收集公司销售人员的数据。输入每个销售人员过去 3 年的平均销售额，然后除以该销售人员的交易次数，就可以得到每次交易的平均销售额了。把这些数据录入你的分析表，从低到高排列，看看其中最好和最差的两三个数。祝贺你！你已经发现了一个很有意义的研究领域。找出数据异常的原因，你的研究就走上了顺利的轨道。

寻找最佳经验。有句古话叫“人外有人，天外有天”，在商业领域也不例外。你要找到在行业里表现最好的，然后模仿他们。通常，这是医治不良表现的速效药。

在图书馆是找不到最佳经验的。要展开有创造性的思考。假如你的竞争对手掌握了最佳经验，他是不会告诉你秘诀的。你可以与行业里其他的人交流：供货商、顾客、华尔街分析师、商学院同学，等等。

有时，在公司里就能找到最佳经验。某个人、某个团队、某个部门的表现最好。找出原因，想想怎样才能将他们的经验推广到整个公司，这对整个公司都大有裨益。

· 第 8 章 ·

展开访谈

麦肯锡的访谈

麦肯锡的每个项目里，都会有人需要进行访谈。在大多数项目中，项目组都会进行多次访谈。总会有人知道团队需要的信息：客户高管、生产线主管、供货商、顾客、行业专家甚至是竞争对手。访谈是麦肯锡咨询顾问填补知识上的空白、获得客户经验和知识的有效方法。

访谈在麦肯锡问题解决流程中扮演了十分重要的角色，因此本书单列一章进行介绍。通过阅读期刊文章、书籍和学术论文，你可以学到很多东西，但要了解公司的实际情况，就要从一线员工那里寻找答案了。访谈本身是一种技能，但大多数人都不知道如何进行访谈。

或许你认为对需要在短时间内获取陌生行业知识的

咨询顾问来讲，麦肯锡式的访谈会是一种十分有效的方法，但对于那些职位比较固定的公司高管来说，访谈的用处就不大了。对此我并不赞同。在今天的商界，不论你是谁，从资历最浅的初级经理到资深的高级副总裁，都会发现自己急需别人的信息与智慧。

或许你会成为多功能团队中的一员，或许你要建立和运营一家新企业。可能性如此繁多，但都需要你征求意见、集思广益，并快速进入解决问题的状态。无论怎么定义它，只要你提出问题并获得自己需要的答案，这就是有效的访谈。

在本章，我将带你浏览访谈的全过程，从准备访谈提纲到写感谢信。如果你没有从头到尾地阅读本书的其他章节，那就先读这一章，我相信你会学到在其他地方学不到的有价值的一课。

有备而来：准备一份访谈提纲

当你去做访谈时，一定要有所准备。可能你只有30分钟的时间采访一位你再也不会遇到的被访者。想好自己要问的问题。

每次我请麦肯锡校友对访谈给出最好的建议时，他们都会说："写一份访谈提纲。"许多人讨厌被采访，至少他们舍不得让你占用他们的时间。访谈提纲堪称是成功从被访者那里获得需要的信息，并使大家的时间都得到充分利用的最佳工具。

在构建一份访谈提纲时，必须考虑两个层面的问题。首先，你需要明确知道所问的问题是什么？按任意顺序将它们记录下来。其次，也更重要的是，从这次访谈中，你真正需要获得的是什么？你试图达到的目的是什么？为什么要采访某人？定义访谈目的有助于你将问题按顺序排好，并对其进行正确的表述。

提前了解被访者也是大有好处的。她是个爱挑剌的

CEO 吗？假如你问及敏感问题，她会大发雷霆吗？或者，她是不是一个中层经理，曾经请求公司进行变革但却没有被予以理睬？对于知道同样信息的两个人，你要采取不同的方法进行采访。

在麦肯锡，我们是这样受训导的：一般来说，一次访谈要从一般性的问题问起，然后进行具体问题的提问。不要一头扎进敏感领域，例如“你的职责是什么？”或者“你在这家公司工作了多久？”先问一些平和的问题，如行业概况之类。这将有助于被访者进入访谈状态，建立你们之间的和谐关系。

在确定访谈问题时，你可能想加入一些你知道答案的问题。这听上去有悖常理，但却十分必要。因为对于事实而言，设置“圈套”可以使你对被访者的诚实程度或知识水平有个大概的了解。对于复杂的问题，你可能会自以为“知道”答案，但答案可能不唯一，你应该找到尽可能多的答案。

一旦你完成了访谈提纲，检查一下，问问自己：“在访谈结束时，我最想知道的 3 件事是什么？”这 3 件事就是你走进被访者办公室时要关注的，在你离开办公室之前，应竭尽全力找到答案。有时，你可能会得不到答案（见本章后面“棘手的访谈”的内容），而有时答案会来得易如反掌。

最后，每个访谈提纲都应该以我所说的麦肯锡原型问题（prototypical Mckinsey question）结尾。问完所有问题，或者剩下的时间不多时，把你的访谈提纲收好，然后问被访者是不是还有什么想告诉你的，或者问他是不是忽略了一些问题。多半情况下，被访者会告诉你，没有了，但偶尔会有意想不到的收获。要记住，被访者很有可能比你了解他们的公司、他们的业务单元、他们的部门。他们还可能知道哪些事情逃过了高级经理的眼睛，某个人正在推进哪个计划，如果你幸运的话，他们也会告诉你事情的根源所在。

访谈中要注意倾听和引导

当你请教某人，向人家提问，等待回答时，大多数人是乐意回答的，尤其是当他们知道你对他们讲的事情很感兴趣时。为使访谈内容不偏离主题，在必要时可打断被访者。

麦肯锡咨询顾问在访谈技术方面接受了大量的培训。我们学到的第一件事就是“让被访者知道你一直在倾听”。在谈话间隙我们会使用一些口语，比如“是的”或者“明白了”甚至是“嗯”（我喜欢称这种特殊的语言为“麦肯锡咕哝”）。“嗯”并无实际意义，但却表示你在倾听（即使你在走神！），也给被访者一个组织思想和喘气的机会。

我们也学会了用肢体语言表达我们的兴趣。在被访者讲话时，我们微微向他们倾斜。每讲完一句话，我们会点头示意理解，还会做些记录。即使在被访者喋喋不休时（这种情况经常发生），我们也会掏出笔和纸做记录。就像“麦肯锡咕哝”一样，做记录表示我们一直在倾听，并为被访者讲到的重要内容做好准备。

当然，这门技术有时候也用得有些过火。公司里有一个传说，两名咨询顾问采访一个客户的高级管理人员。项目经理做了自我介绍，然后开始提问。客户高管回答得十分仔细。整个访谈过程中，一位顾问按照他们学到的访谈技巧，点头，不时插入“是的”“嗯”和“明白了”，以疯狂的速度记录，自己没有提任何问题。项目经理把接下来的问题都问完了，那位顾问依然不住地点头，说“嗯”。访谈结束时，项目经理对客户高管愿意花时间接受采访表示感谢，两名咨询顾问起身要走。在他们握手时，客户高管指了指那位顾问说，“他会讲英语吗？”

麦肯锡的咨询顾问进行访谈，是因为他们想了解别人的信息、经验和故事。咨询顾问不是去侃侃而谈的，而是去洗耳恭听的。咨询顾问要记住别人有不同的思维方式，需要保证访谈内容没有偏离主题。这个过程是很难的，我曾经在客户于爱达荷州的工厂里采访过一名采购经理。他对工厂的供应商、顾客、投入需求量和制造过程了如指掌，但他只关心钓鱼——飞钓。“你会飞钓吗？”这是他想知道的，也许我应该尝试一下。假如我去波卡特洛地区，他会安排我飞钓的。你可以想象当时的访谈画面，把他从心爱的主题拉回来我也过意不去，但我去那儿是为了获得信息，不是去交流钓鱼经验的。

从他人那里获得信息时，一定不能忽略的是要让他们感到你在倾听，并且对他们谈的很感兴趣。使用正面的肢体语言，而且一般要做记录。最后一个小技巧是：如果你想让别人说得更多，如果你认为他们遗漏了一些你还不能确定内容的重要信息，什么也不要说，沉默一会儿。自然界害怕真空，大多数人也害怕沉默。很有可能他们会继续侃侃而谈，填补这段空白。如果他们对你说的都是打好草稿的，现在他们可能就要脱稿了，因为有一件事他们没有准备，那就是沉默。试试用这个方法看看效果，它超乎想象的有效。

访谈成功的七个秘诀

在进行访谈时，要讲求策略。要在有限的时间里达到目的。以下几个屡试不爽的策略可以帮你在访谈中顺利达成目标。

1. 让被访者的上司安排会面。通过上司告诉被访者这次访谈的重要性。如果被访者知道上司希望自己接受你的访谈，他就不太可能去误导和敷衍你了。

2. 两人一组进行访谈。自己展开一次有效的访谈并不是件容易的事。你可能忙于记录而在提问中出错。或许会忽略被访者给出的一些非语言的线索。有时候，两个人联手是最好的——可以在访谈时轮流提问和记笔记。当其中一名采访者对访谈内容的某几个问题具备专业知识的时候，这种方法尤其有效。而且，在访谈发生情况时，有两种不同的观点也很重要。保证不管谁做访谈记录，都要保持与另一位采访者步调一致。

3. 倾听，不要引导。在大多数访谈中，你都不是为问题寻找是或否的答案。你需要开放性的详尽答案——尽可能多的信息。获取详尽答案最好的方法就是倾听。少说多听，保证访谈内容没有偏离主题就行了。要记住被访者对自己行业的了解很可能比你要多，她向你提供的大多数信息都会以这样或那样的方式起作用。

还有一个让信息流动起来的技巧，问一个开放式问题。如果你问是或否的问题，或者问多项选择题，你只能得到是或否，或者选项里的答案。假设你想找出一家商店最忙的季节。你认为不是夏天就是冬天，但你不确定。如果你这样问商店经理了，她或许会说是冬天。或者她可能说“实际上是春天”，这种情况下，你就充分暴露了自己对其业务缺乏了解。假如你问她：“哪个季节您最忙？”她给你的答案可能远比你问多项选择时要丰富得多——例如，“我们最忙的时候是在春天，尤其是复活节那段时间”。通过问开放式问题，你能得到更好的答案。

4. 复述、复述、复述。在外出访谈之前，麦肯锡都会培训它的咨询顾问用一种不同的形式复述被访者的答案。这一点再重要不过了。大多数人都不能完全有条理地思考或者说话。他们东拉西扯、跑题、把一些重要的事实掺杂在无关的事情中。假如你复述了他们的话（最好有条理地），他们就会告诉你，你的理解是否正确。复述也给了被访者补充信息和强调重点的机会。

5. 善用旁敲侧击法。项目经理的团队来了一名刚从海军退役的新同事。项目经理和新同事要去采访客户的中层经理，他们整理出了一份清晰的访谈提纲，并就访谈的一系列目标达成了一致，项目经理让新同事先开头。新同事为了得到想要的信息，对客户经理步步紧逼，紧紧抓住他不放，访谈就像是一次审讯。被访者语速极快，开始自我防御，直到最后拒绝合作。

这个故事的寓意在于，“时刻关注被访者的感觉”。要了解被访者是否感觉自己受到了威胁。不要单刀直入地问刁钻的问题，如果能在几个重要问题上绕几分钟弯子，会取得不错的效果。要多花时间让被访者对你和访谈过程感到舒服（更深入的讨论见下一部分）。

6. 切勿问得太多。不要去问被访者知道的每一件事，主要有以下两个原因。首先，你可能已经掌握了重要信息。当你构建访谈提纲时，把自己的访谈目标压缩到两三个重要问题上。如果继续问被访者有关行业的全部知识，你会发现自己要在大量信息中找到真正需要的信息，而这些信息其实你已经掌握了。

其次，要在最后一根稻草压死骆驼之前悬崖勒马，记住，接受访谈，尤其是商业问题领域的访谈，对很多人来说都是一段不愉快的经历。如果你逼问他们，会使这种不愉快升级，被访者将不再积极合作，甚至对你有敌意。没准儿你还需要再找这个被访者获得更多信息，所以别把门关死了。

7. 采用“哥伦波策略”。在 20 世纪 70 年代的美国电视剧中，有一位彼得 · 福克扮演的穿着风衣的哥伦波探长。在结束了对犯罪嫌疑人在案发当晚的行踪的讯问后，他拿起帽子和那件皱巴巴的风衣向门外走去。当走到门口就要离开的时候，他会转过头来，敲着自己的太阳穴说：“不好意思，女士，我有个问题忘了问。”这个问题往往可以告诉哥伦波到底谁是杀人犯。

如果你需要知道某个问题的答案，或者需要知道某个数据，“哥伦波策略”往往是个好办法。访谈结束时，每个人都会变得松懈。对于被访者，那种你给予他压力的感觉消失了。对你的防备减少了，他就会告诉你需要的或正在寻找的信息。试试这个办法，它很有效的。

你或许还想尝试“超级哥伦波”策略。不是在门口就回头，而是等一两天后，再次造访被访者。你只是路过，忽然想起自己忘了问某个问题。这同样会使你看起来不那么有进攻性，从而使你更容易获得需要的信息。

尊重被访者的感受

要记住，对很多人来说，在关于自己的工作或公司的问题上，被采访是件让人紧张不安的事。你有责任对他们的恐惧保持敏感。这样做不仅合理，也会锻炼你的商业触觉。

有位麦肯锡顾问和他的项目经理去采访一位大型制药公司的中层经理，当时他们正协助这家公司进行重组。这位经理已经在公司工作近 20 年；他很害怕麦肯锡会让他丢了饭碗。当咨询顾问走进他办公室时，他已经很紧张了，自我介绍之后，他问两位咨询顾问是否需要咖啡；他书柜上有个 Mr. Coffee 咖啡壶，他去取咖啡壶准备倒咖啡，却倒不出来，他的手抖得太厉害了。他把咖啡壶放下，又试了一次，还是不行。最后，他把杯子的边缘顶住咖啡壶才倒出来。

我讲这个故事，是想告诉大家一次访谈会带来多少不安。作为一名采访者，你是要调查商业问题的，你是有权力和权威的。你的职权可能不在 CEO 或高层经理之上，但却在其他很多人之上。想象一下你代表了什么，比如，一位知道自己公司出现问题的商店经理奉其上司之命接受你的访谈。我相信你有一种职业责任，要尊重别人的焦虑，要去消除这种焦虑，而不是利用它。

尊重别人的焦虑意味着不要让他在访谈结束时，觉得没面子，好像接受了一次军事审判。记住，在访谈中你要寻找的只是两三件事的答案，不需要把被访者榨干。同时，提问题时要慎重，切忌不要问在商业范围内是完全适合的，但可能深深触及被访者隐私的个人问题。例如，你不能第一个问题就问："确切来讲，您做的主要工作是什么呢？"

减轻被访者的焦虑意味着向他们证明访谈过程将如何惠及他们自身——这不仅仅是一次访谈，还是解决公司问题的过程。假如你让他们的工作更有效率，就会惠及他们。类似地，假如你提高了雇主的利润率，这也可能对他们有利。别害怕做交换，被访者为你提供了信息；如果你有信息的话，也可以与他们分享。大多数人都希望自己知道公司更多的事。

不利用被访者的恐惧意味着要抵制那种把访谈的权力当成武器的诱惑。大部分时间里，被访者都是愿意帮忙的。没有必要把你的权威当成徽章一样炫耀。假如这样做了，你会发现，被访者就像警匪片中的歹徒一样，会“缄默不语”。如果你真的遇到了阻碍或敌意（见下一部分），你可以将自己的权威带到访谈中，但要在阻碍和敌意结束后，将其束之高阁，因为伴随权力而来的往往是必须睿智地加以运用的责任。

棘手的访谈

访谈进行多了，总会遇到困难。只要你知道如何处理，有一些困难是很容易解决的。其他棘手的访谈就要看你的精神和实力了。

纽约的一家大型经纪行，担心自己的利润率已经落后于它的竞争对手了，于是邀请麦肯锡为其业务进行一次全面的检查。经纪行和它的高管处于十分危险的境地，大规模裁员的前景隐隐显现。经纪行中不同的利益方已经形成了支持和反对麦肯锡的两个派别，他们已经做好了战斗的准备，并积极推动自己的计划。

哈米什 · 麦克德莫特是一位新任的项目经理，与经纪行的高级经理及其管理团队进行了一次会面。他走进高级经理的办公室，做了自我介绍，那人说道："哈米什 · 麦克德莫特是吗？是不是你一直告诉董事会，我完不成成本缩减目标？"

在职业生涯中，如果你积极追求商业问题的解决方案，就会遭遇像哈米什一样的境遇。怎样处理这种被访者的公开对抗呢？哈米什是这样做的：

> 他的话对我来说触动很大，因为事实并非如此。但我没有生气，没有放弃。我简单地解释说他误会了，我们还是必须要进行访谈的。

他这样说是因为他是个难缠的家伙，想看看我们是否会打退堂鼓。如果有人说了这样完全错误的话，你就得指出来，不能就此退缩。

这个策略很管用。后来，他的几名员工就他的行为向我们道歉，他们觉得我们用尊严和实力解决了问题。我们同公司的许多重要人士建立了信任，这对后来的工作大有帮助。

这一策略的极限就是你在公司中权力的极限。麦肯锡的咨询顾问通常都有客户最高管理层的支持，因此经得住任何人的挑战。假如你没有这种支持，你采访的人比项目经理的职位还高，在受挑战时，你就很有可能会败下阵来。

当被访者拒绝向你提供信息时，就会出现虽然敌意较少，但同样棘手的情况。他们不会回答你的问题，或不让你获得相关的文件和数据。这种情况一旦发生，就该“拿出姿态”了。你之所以去那儿采访，是奉了公司（或客户）中某些人的命令。要让他们知道，如果依然拒绝合作，你就要采取强硬手段了，必要的话，当即打电话通知上司。你没必要一定这么做，这仅是开启信息闸门的建议。你已经不是学生了，没有人会认为你是告密者。

在采访时你也许会遇到心理学家所谓的“消极型激进派”，我喜欢叫他们“沙袋”。“沙袋”会告诉你已经知晓的事情，但不会告诉你任何实质性的内容。正如一位前麦肯锡项目经理的遭遇：

> 我走进那女人的办公室（我们计划花一小时进行访谈），她告诉我只能给我们半小时。接着，她就开始大谈她认为麦肯锡做了哪些事，为什么麦肯锡会发展到今天。讲完这个主题后，就开始讲她的人生故事，我根本插不上嘴。

遇到“沙袋”就要用间接法。最有效的策略是找到公司中的其他人，让他告诉你想知道的事情。如果只有“沙袋”知道这些信息，就要请她的上司和她说说了。

棘手的访谈遇到的最后一类人也是最难对付的。没有哪种情况比这压力更大了，你和被访者面面相觑，他知道你的工作很可能让他丢掉饭碗——你也深知这一点。不幸的是，在这种情形下，除了扮演“好战士”的角色外你无能为力。你必须完成工作，并让被访者帮助你。一切都是从全局出发，尽管有些不公平，你不用生气或者不安。总之没有其他办法，你只能让自己平心静气地工作。从来没有人说过生活是公平的。

一定要写感谢信

当你访谈完毕，回到办公室时，花点时间写封感谢信。这样做很有礼貌也很职业，有可能会有意想不到的收获。

当我还在孩提时代，母亲就教导我每次收到一份礼物之后，都要写一封感谢信。我的家族成员很多，所以每次节日和生日之后，都要花几周的时间给叔叔、婶婶和远房表兄妹们写感谢信，感谢他们送我礼物，不论我喜欢不喜欢。母亲会在我身后，监督我写完（并阅读检查我的语法）。当时我没有意识到它们的重要性，但后来在麦肯锡的日子里，我才发现小时候的这些经历真是很好的训练。

在占用了别人半个钟头或者更多的时间做访谈并从中得到信息后，你应该花点时间以书面的形式向他表示感谢。正如我母亲所说，这样做有礼貌。这表示你和他一样珍惜被访者的时间。这也是职业的表现。在公司的信纸上写上精美的词句，将给客户留下好印象。

母亲告诉我不要写千篇一律的感谢信。“亲爱的______，感谢您的______，我会永远珍惜您的礼物”这种模式我小时候就不喜欢，现在仍然无法接受。并不是说你写的每一封感谢信都必须是完美无瑕、构思巧妙的散文，至少要保证它读起来不像是一封电脑生成的信函。我在硬盘上保存了一份基本的感谢信模板，当需要写感谢信的时候，就对它进行修改。确实要花几分钟时间，但这是值得的。这比我 13 岁的时候要容易多了，那时，所有的感谢信可都是手写的。

有时候，一封感谢信会给你带来意想不到的回报。每个新来的麦肯锡顾问都听过这个故事：一位顾问，要采访一家地处美国中部地区的农产品公司的高级销售主管，当他打电话告诉客户自己来自麦肯锡，需要做一个小时的访谈后，受到了热情的欢迎，销售主管说：“快来吧！”这名顾问长途跋涉到了客户公司，销售主管给他看了一封用麦肯锡的信封寄来的信，这封信来自 15 年前另外一名麦肯锡顾问，信里感谢这位主管接受了自己的采访。这封信和主管的学位证书一起被挂在办公室墙壁上的一个显要位置。

有时候，一点点礼貌就能建立长期的交往。

·第 9 章·

头脑风暴

麦肯锡的头脑风暴

当分析得到认可时，麦肯锡的团队就会聚集到一起，进行初步研究，然后开展实际工作。头脑风暴是战略咨询的必要工具。这才是客户真正花钱想买的东西。我们得承认许多大型现代公司都有智慧、博学的经理，他们善于处理日常问题。麦肯锡有一种新观念，倾听局外人的观点并不背离公司的做事方法。这就是当问题不能够在客户公司内部解决时，客户所需要的东西。这样的探讨往往从桌子、椅子、便签本、铅笔、记号笔和一块干净的“白板”开始。

第一回合的头脑风暴开始之前，麦肯锡的咨询顾问会做“家庭作业”。每个人都会阅读 PD 网和图书馆搜索的那些结果。顾问们把初步研究基础上的“数据文件”整理好。合伙人、项目经理还有团队里更多的高级顾问集思广益，设计出团队要进行破坏性检验的初始假设。

头脑风暴需要时间。一般来说，麦肯锡的项目组会花上两个小时或者更多时间，来进行一轮头脑风暴。有的项目组领导喜欢在周末开会，尽管其他人不喜欢。会议经常会持续到深夜，我们有外送的比萨、中国菜或寿司（我个人的最爱）补充能量。我甚至记得为了周末会议，有些团队带上一两包六罐装的啤酒（大概是为了激发灵感）。麦肯锡的美国办公室都有一本当地外卖的“菜单”，这些菜单可有用了。

成功的头脑风暴中最重要的元素就是一块干净的场记板。只是盯着数字的老旧的开会方式没有任何意义。你必须在会议室门口把预先形成的印象或偏见全部驱除掉。这样，你才能熟练地运用事实。

我喜欢把头脑风暴想象成玩古老的鲁比克魔方。每一个事实都是小方块的一面，多方位地转动方块，你就会找到答案，或至少找到部分答案。

我喜欢用的另外一个比喻是洗牌。每个事实是一张牌，当你第一次打开这副牌的时候，它们是按顺序排列的。多没劲！洗牌，然后把它们扔到空中看它们如何落地。现在，你会看到很多有趣的模式：同花顺、三张同点加一对、对子（两张一样的牌）。在讨论事实或者想法的过程中，也会发生同样的事情。

接下来，我们将仔细研究麦肯锡头脑风暴的不同侧面，学习使你的头脑风暴有更多收获的技巧。

适当的事前准备

尽管头脑风暴有一些空谈、吹牛的意思。但事实上，有效的头脑风暴需要事先做很多脚踏实地的工作。

头脑风暴中最重要的原则就是你不能在真空中完成它。参加会议前，你要对研究的问题有所了解。不要指望一踏进会议室就有人为你的才华横溢喝彩。如同在麦肯锡的每件事一样，准备头脑风暴也是有方法的。不论你是团队领导，还是仅仅是一个参与者。

假如你按照第二部分的大纲，有序完成了研究，那么准备工作就已经做完一半了。现在，你要保证团队里的每个人都了解你知道的事。把你的研究放在麦肯锡人所谓的“基础数据文件”里，为你发现的关键点和关键数据做个整齐的摘要。这份摘要给你的团队成员传阅与分享。假如你是团队领导者，一定要确保所有成员都把他们的研究放进了这个“基础数据文件”。做基础数据文件是很容易的，它不需要有详细的结构，只要考虑一下有哪些重要问题和怎样进行表述就可以了。一旦团队里的每个人都阅读了基础数据文件，在生成观点的过程中，你们就有了共同的事实基础。

你看过了团队总结的基础数据文件，接下来该怎么办呢？麦肯锡人在这个问题上分为两派。第一派认为："自己熟悉问题和数据的梗概，不要在讨论开始之前形成观点。"对立的一派认为："要从假设开始，否则，你将浪费很多时间在四处寻找观点上。"对于两派的观点我保持中立——它们都是正确的。假如你能够想出一个假设，这很好；假如你是团队领导者，或许你更应该先有个假设，不要冲进会议室说："这是答案。"正确的态度应该是："我认为事情或许是这样的。作为一个团队，让我们一起推敲这种假设吧。"

你也可以自己提前进行一番头脑风暴。不是提出一个初始假设，而是集思广益形成一个项目解决方案框架下的初始假设集。然后就可以迅速淘汰那些不切实际的假设，给团队更多时间在更合理的假设上。该方法能让你的头脑风暴更切合实际。

无论你如何进行，要保证，至少你是知道事实的。记住童子军的座右铭：“时刻准备着。”

为思想留一片空白

头脑风暴的目标就是生成新观点。所以，要从白板开始。既然召集了整个团队，就要把已有的观点抛在门外。带着你所知道的事实，但要找到审视它们的新方法。

在上一部分，我建议你花几个小时研究问题，然后设计一个假设集。现在，我建议你在头脑风暴开始之前抛弃所有的先入之见。对你来说这好像有些自相矛盾，但实际上，好的头脑风暴是得益于一些矛盾的——如果这些矛盾有助于激发你的思维。

此外，头脑风暴是要产生新观点的。如果所有团队成员走进会议室都说着陈词滥调，并且意见一致，那你就不仅一无所获，而且还浪费了时间。更糟糕的是，如果团队领导者把自己的观点强加到每个人身上，团队就错过了一个达成更富创造力或者更好解决方案的机会。

头脑风暴要求会议室里每个人的参与，从最高层的合伙人到最初级的分析人员——没有谁能保证，前者每天都比后者有更好的点子。在头脑风暴会议室，没有人会害怕讲出自己的观点。所以，在走进会议室时你要检查是不是把你的等级观念和尊严，连同先入之见一起丢在了门外。

接下来举一个不合理地进行头脑风暴的小例子。当克里斯廷·阿斯里森还是一名新入职的顾问时，她所在团队的高级项目经理召集所有成员进行一次头脑风暴。他们赶到时，高级项目经理说："请安静，看我如何在白板上完成对这个问题的分析。"接下来的一小时，他们就干坐着看项目经理独自演示自己的观点。这样做或许有启发性，但它不是头脑风暴。

接下来是几条成功进行头脑风暴的"准则"。

没有坏点子。没有人会因为害怕被嘲笑"这是个坏点子"而不敢发言。如果一个想法很一般，你并不赞同，那就花几分钟解释一下。辩论是头脑风暴的一个部分。天晓得是否经过几分钟的讨论之后，它一点也不像坏点子呢。至少给它一次机会。当然，脱离问题的观点不算在内——例如，“让我们忘了这个问题，玩儿个游戏吧！”。

没有不值得回答的问题。就像没有坏点子一样，任何问题都有它自己的价值。别怕问：为什么某件事是这样的或者要以这样的方式进行。它的答案貌似是“嗯，我们一直都是这样做的”，其实这并不是一个好理由。

永远不要低估一些看似明显或者简单的问题的重要性。例如，有一次我做一家资金管理公司的项目，第一次头脑风暴中，我们项目组新来的同事问：“全世界有多少资金？”我们没有说“很多”，而是花了 45 分钟研究国际资金管理的动态变化，后来产生了一些有用的新见解。

时刻准备扼杀你的观点。你的观点不管有多好，如果不是会议最终答案的一部分，就要舍弃它。要把你的假设当成扔进头脑风暴组合中的一个数据来看。把它交给团队成员，让他们去推敲。它或许是“正确”的，或许是“错误”的，但最重要的是你的数据可以帮助团队全面考虑手头的问题。别把自己太多的自尊放到假设里，别打算在会议过程中为捍卫你的观点奋战到底。

知道适可而止。头脑风暴要花时间，但如果花的时间太多，就一定会造成收益的减少。麦肯锡校友一致认为一个团队可以坚持两个小时的头脑风暴，两小时以后，讨论气氛就会减弱。我认为，夜间讨论的情况下尤其如此。天色越晚，人就会变得越疲倦、越暴躁、反应越迟缓，除非整个团队都是夜猫子。当然，也有例外。有时候，午夜之后，你的肾上腺素仍然让你保持高效率。有时候，盯着同事盘中的剩饭，也会产生好点子。总的来说，最好让团队在疲惫之前就喊停。总还有第二天，总还有周末吧。

假如必须要开一整天的会，也要体谅大家，保证参会者的精力充沛。允许大家跑跑题，讲讲改善心情的笑话，但过一会儿就要对他们加以约束，回到主题上来。时不时地休息一下——不仅是午餐、晚餐、疲劳时的休息。如果情况允许，给大家半小时的散步时间，这或许正是大家整理思路和活动筋骨的绝佳机会。

好记性不如烂笔头。与常规会议不同，常规会议有人做会议记录，头脑风暴中没有精确的会议记录。各种观点就像浮游一样在会议室里漫天飞舞，瞬间又消失殆尽。你一定要在关灯离开会议室之前留下有关讨论结果的永久性记录。不要认为在闪光思想到来的时候，你不会忘记它。当你的肾上腺素用完，疲惫开始登场时，它就会离你而去。

麦肯锡用一种极好的设备来保存头脑风暴会议的结果。尽管每个会议室都提供白板和可擦干净的记号笔，但有的白板可以保证将讨论结果备份在纸上。要想留住那些奇妙的闪光点，要想守住凌晨 2 点绘出的重要图表，这是个不错的方法。

你可以把这个高科技奇迹复制成低科技的翻页挂图。翻页挂图的唯一弊端就是记号笔在纸上的油墨是不能擦掉的——所以要书写工整。在会议结束时，找个人把翻页挂图上的文字转录到普通纸上，并为团队成员散发副本。

头脑风暴练习

头脑风暴成功的关键是充分的准备和正确的心态。接下来是麦肯锡人使用的，在头脑风暴中可带来最大收益的几项技巧。

克里斯廷·阿斯里森在麦肯锡工作的时候，参加了一个头脑风暴的试验性训练项目，在这期间，她经过了下列练习。这些练习有助于你在结束头脑风暴的研习之后有个好开始。

记事贴练习。给会议室的每个人发一叠记事贴，参会者写下他们所想到的所有观点，每个观点一页纸，然后交给领导读出来。这是一个迅速生成许多好点子的方法，不需要就每个新提出的观点展开讨论。

翻页挂图练习。在会议室里放几张翻页挂图，每一个都用不同类别或问题做标记。每个团队成员沿挂图前走过，在适当的翻页挂图上写下自己的观点。如果你喜欢，还可以给每个成员不同颜色的记号笔，这样你就知道哪个观点是谁提出来的了。

先下手为强。克里斯廷记得一种在紧张气氛下掌控大型头脑风暴会议特别有效的方法：

> 我们把所有相关人员都请到一间大会议室，就客户的变革问题展开讨论。我们首先要求他们讲出对我们提出的计划不满意的地方。一旦他们发泄完毕，我们就让他们提自己认为对的事情，以及能在自己业务单元中应用的方法。这种技巧在两个方面发挥作用：它产生了一些我们想不出来的优秀观点；它帮助先前有些怀疑的管理团队认可麦肯锡的解决方案。

在头脑风暴过程中对付牢骚鬼和煽动者有个小技巧，让领导或者主持人站在他旁边，偶尔拍拍他的肩膀，麻烦制造者就知道自己一直被关注了。如果他在一边小声嘀咕，主持人就会让他大声讲出来，就像老师对那些窃窃私语的学生所说的："为什么不让全班都听听呢?"

这些练习会让你的头脑风暴过程更加有趣，其结果一定会让你记忆犹新。

第三部分

麦肯锡推介解决方案的方法

在第一部分和第二部分，你学到了如何思考商业问题，如何有效地工作从而为客户提供现实的解决方案。现在，是要开始出发征服世界了吗？事实却并非如此。最好的解决方案，不论研究得多么周密，分析得多么全面，有多么完美无瑕的结构，如果你的客户不购买它，都是一文不值的。

要想让你的客户选择你的解决方案，就得把它推介出去。这就是第三部分将要介绍的。你会学到怎样组织一个汇报，把你的思想传递给听众。你将知道如何管理内部的沟通，让团队中的每个人都能保持“掌握信息”。你还将学到如何与客户和团队的成员打交道——不论是好相处的还是棘手的“钉子户”。最后你会学到怎样把你的光辉思想付诸实施——如何推动变革。

·第 10 章·

演示汇报

麦肯锡的汇报

麦肯锡主要是通过汇报来与客户交流的。汇报有正式的：在会议室进行的圆桌会议，用的是精美的蓝皮书；也有非正式的：几个客户经理和麦肯锡的咨询顾问开的小会，用的是钉在白板上的几幅图表。随着初级员工在公司职位级别的升迁，他们需花大量的时间向其他人阐述自己的观点。

麦肯锡人用这种方式交流取得了不错的效果。你可以把很多麦肯锡的技巧运用在自己的汇报中，这将有助于你传递信息——毕竟，这是你的目标。

把汇报系统化

要想你的汇报成功，必须要把听众带到清晰的逻辑中来，有条不紊地听你分析。

本书第一部分就回顾了“麦肯锡解决问题的方法”（见第 1 章）。外界通常是通过公司的汇报来了解麦肯锡的思维结构，这才是找对了庙门。

一份汇报可以反映出个人或项目组的全部思想。如果一份汇报做得粗枝大叶、逻辑混乱——不论事实是不是这样，听众都会认为你的思想是粗枝大叶、逻辑混乱的。因此，无论你的思考过程运用了何种结构，你都要把它表现出来。如果使用的是麦肯锡的结构，就把它运用于自己的汇报中；如果采用了其他公司的原则，就得保证你的汇报反映了你的思考过程——当然，假设你的思考是有条理、有逻辑的。

请允许我重申，如果你觉得麦肯锡的结构不对劲儿，觉得它不是你思考问题的方式，那就不要运用它。

我在商学院的一个同学后来成了一名企业家，和很多企业家一样，他具有敏锐的洞察力和直觉，但他的思维不是特别有条理。他用的基本结构也帮助他组织了很多成功的报告会，这种结构就是——“告诉别人你要告诉他们什么，然后反复强调”。他一直采用这种结构，并取得了不错的效果。

通常，如果你惯用一种循序渐进的结构，你会希望听众能跟上你的步伐。然而听众中通常会有人对这个缺乏耐心。一位麦肯锡的项目经理遇到了类似的问题，每次把汇报交给客户的高级经理时，他都会从头翻到尾，然而在剩下的会议中，他却沉默了。但是，项目经理找到了解决方案。在团队最后的那次汇报中，他给这位经理一本蓝皮书，所有的页都订在一起了——无法再翻了。

记住：努力的边际收益也是递减的

要抵制住直到最后一分钟还在修改汇报的诱惑。衡量一下这个改变与你和你的团队睡个好觉的价值孰轻孰重。不要让最佳方案成为优秀方案的敌人。

麦肯锡人有一系列共同的经历：项目培训、访谈、熬夜，等等。每一位麦肯锡顾问都有过最平常也最没有必要的经历，那就是凌晨 4 点钟加班，在复印室里等着把汇报的小册子印好，准备在明天（其实已经是今天了）的大型项目汇报会中使用。我曾在一个早晨，花了两个小时把装订好的蓝皮书中的一张表替换成一张新表，只因出现了打印错误。另外一名顾问和他的项目经理也曾花了一个晚上用剪刀和胶水把新数据剪下来，贴到表格里（这是计算机制表在公司广泛运用之前的事情了）。

很多商业人士和公司都只接受完美无瑕。很多情况下，这是不值得称赞的。没有人愿意乘坐一架引擎的固定螺栓安装得马马虎虎的飞机。然而，在准备汇报的时候，即使面对的是最强公司里最难对付的 CEO，也不要让“最好”成为优秀的敌人。某种程度上，在做汇报之前，吹毛求疵的改变不会有什么价值了。你要学会在会议开始之前掌握好质变的突破点。

不妨这样来思考：你的团队在汇报开始之前睡个

好觉和最后的文件中有一处打印错误，哪个更重要呢？多长的文件，不论你修改得多认真，都会有打印错误。个别情况下，打印错误必须纠正，但这只是极个别的情况。为了参加汇报，你还是要充分地休息，不要狼狈不堪——做汇报本身已经是一件让人紧张的事了。

对修改加以限制要有原则。假如你的汇报是最后一部分，就得训练自己，告诉自己和你的团队希望文件已经打印、复印好，装订或者做成幻灯片，不论你需要什么，至少要在汇报开始 24 小时之前完成。把时间花在这些事上，或者对汇报进行彩排，讨论可能产生的问题；或者在办公室轻轻松松地过一天。

正如麦肯锡项目经理都可能碰到的，你组织了一次汇报，但某个职位比你高的人（比如，你的项目经理）要对文件有个总结发言，那你就要尽力处理和上级的关系了，坚定地告诉你的上司，她必须控制时间，文件要在 24 小时之内完成。一些高级经理在最后一刻还要进行干预——你必须要阻止他们。

未雨绸缪，事先沟通

一次好的商业汇报应该在内容上让听众感觉不陌生。把客户相关人员召集在一起开会前，要保证他们看过你的文件。

假设你的最后一次情况介绍会刚刚开始。为防止信息泄露，你的汇报是保密的。你和你的团队以及那些迫切想听到建议的公司高管会面。你的上司、上司的上司、公司所有业务单元的领导都在这里，CEO 坐在上位，等待你的发言。

你开始汇报了：“女士们，先生们！经过几周周密的研究，我们项目组得出结论，未来两年，公司需要在装饰品生产上增加 75% 的投资。”当你讲到支持你分析的第一张图时，听众当中有人小声嘀咕。配件部门的主管被激怒了。他说到，我们公司的未来要靠配件。CFO 抗议说公司没有那么多的资金。分公司的总经理也急忙开始辩解。你不再是众人的焦点，你的汇报变成了一场吵架比赛。很明显，不是每个人都喜欢出人意料。

为了不让这灾难性的一幕发生，麦肯锡的咨询顾问很重视“未雨绸缪”，在进行汇报或者进行回顾之前，项目组都会先召集客户公司的相关方进行私下交流。这样的话，预想不到的事就会很少了。一位前麦肯锡项目经理说：“我们很少在做汇报之前不让各方预先知晓我们的汇报，这样做也太冒险了。实际上，汇报已经变成了艺术表演。”

在做事前准备时，一定要记住做一名成功的咨询顾问或者企业诊断家的关键是：不仅要提出“正确”的答案，还要把这个答案推介给客户。有时候，这需要销售技巧；某些情况下，还需要妥协。假设你走进鲍勃的办公室，他是配件部的主管，告诉他你认为答案是以削减配件为代价在装饰品上进行更多的投资，他很可能不高兴，但是因为你和他在办公室是单独交流，就很有可能让他逐步接受你的分析。

交流结束后，配件部的主管可能已经被你说服了

(太好了，继续游说其他人吧)，或者他会提到一些你不知道的事实并改变你的建议（相信我，的确会发生这样的事)，或者他拒绝接受你的建议，不做任何改变。最后一种情况下，你就得去协调。如果只是很小的妥协，不妨做出让步然后继续；假如要求过多，就要想出一个可以绕开他的办法了。当然，如果他把你请出办公室（未必，但也可能)，那么你现在要处理的问题就是想想公司中有谁的权力和他一样大。

回到这一部分开始的那一幕。这次，你已经和与会的所有高级经理都沟通过了，包括那个固执的配件部主管。“女士们，先生们！”你说，“经过几周周密的研究，我们的项目组得出结论，未来两年，公司需要在装饰品生产上增加 75% 的投资。”当你翻动第一张幻灯片时，配件部主管说：“我听过这个，这是一派胡言。我们要增加配件的生产。”CFO 睁大了眼睛，一句话也没说——你已经告诉他怎么去筹措资金了。装饰品部主管确信她会是今晚汇报的胜者，只是往 CEO 的方向看了看。CEO 坐在椅子上向后倾斜着，双手交叉，告诉配件部的主管："好了，鲍勃，我们现在在同一条船上，听完这个汇报吧，然后再讨论。"你已经知道结局会怎样了。这不比那个出人意料的结果好得多吗？

· 第 11 章 ·

用图表说明问题

麦肯锡的图表

麦肯锡把图表作为与客户交流的基本方式。公司用了很多时间和精力来研究哪些问题适合用图表表达。你可以在吉恩·泽拉兹尼（Gene Zelazny，麦肯锡制图表专家）的著作《用图表说话》[⊖]中学到这门学问。这是一本了不起的著作，但这里我对书中的内容不做赘述。

本章，我将重点论述麦肯锡做图表的学问，以及为何图表会对你有益。我还要与你分享麦肯锡独一无二的图表，我从未在麦肯锡之外见过这种图表。

⊖ Gene Zelazny, *Say It With Charts: The Executive's Guide to Successful* presentations (Homewood, IL: Dow-Jones Irwin, 1985)

简单为上：一图明一事

图表越复杂，传递信息的效果就越差。把图表当作传递信息的方式，不要把它当作一种艺术品。

我初来公司时，拿到的第一批办公用品是一盒自动铅笔、一块橡皮、一套格尺和各种形状的绘图板：圆形、矩形、三角形、箭头形，等等。“别丢了这些模板，”别人告诉我，“要换一副很贵的，而且你要用它们来制图。”那是 1989 年，早已不再是石器时代了。过去几年的学习和工作中，我都是在用计算机制表和绘图。这里如此原始，还真让我大吃一惊。这正是企业文化在不断进步的技术面前顽固不化的标志。

在某些方面我的看法是对的。因为麦肯锡的文化很牢固，很难改变，但在某些方面上我又是错的，这些绘图板都有重要的用途：让我们的图表保持简单。虽然计算机很容易制出花哨的图表，可绘图板往往会更简洁。麦肯锡把图表作为一种容易理解的信息传递形式。事情越简单，图表就越容易理解。因此，麦肯锡的图表有 3 个特征：通常用黑色和白色印刷，除非绝对有必要，基本不采用三维制图；坚持一图明一事的重要原则。前两项规定都是来自视觉上的。媒介不能压过信息，因此才不允许使用那些让人分心的颜色和有迷惑性的三维图像。一图明一事的原则则会影响信息传递给听众的方式。

图表中的信息或许是十分复杂的，表达了多重观点，制图工作就是挑选出其中一点来制图。麦肯锡顾问通过图表上的标题来做这件事。一个好的标题用一句简单的话就可以表达图表中的观点（见图 11-1）。图表中突出的信息可能会用不同的底纹、扇形图，或者（我使用的）箭头突出强调。假如一张图表有几种观点，就把它们和相关信息复制到新标题的下面（见图 11-2）。

同时，在每张图的左下角，你会看到一个资料来源。麦肯锡的图表一般都有这项。这样，当人们问起"你是从哪儿获得这些信息时"，你就可以告诉他们出处。同样道理，如果在未来某个时候，你（或者其他任何人）

想要回顾这些数据，就会知道去哪儿找。

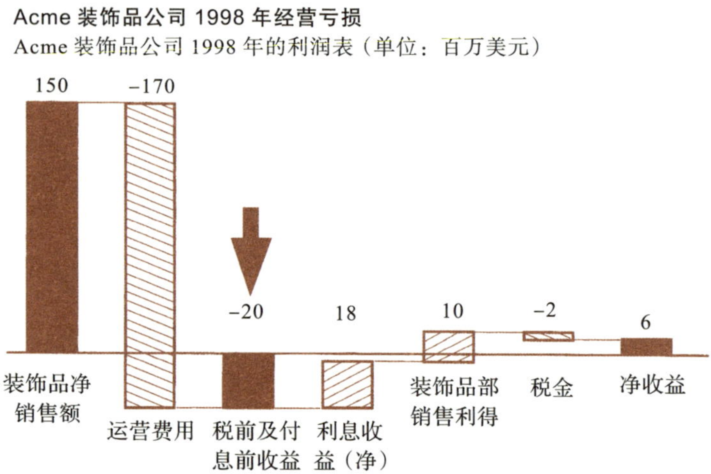

图 11-1 好的标题突出了图表中的信息

资料来源：ACME 公司年度汇报。

最后要说的是，太多的图表会让听众生厌。尽可能简明阐述你的观点，否则你会发现听众根本听不进去你那最后十几页的汇报。

自 1989 年以来，随着时代的前进，技术也进步了，麦肯锡已经适应了有电脑制图的生活。顾问们可以在 PowerPoint 上画图了，偶尔，你也会看到麦肯锡的图有颜色了。但公司依然坚持“简明”这一宝贵原则。

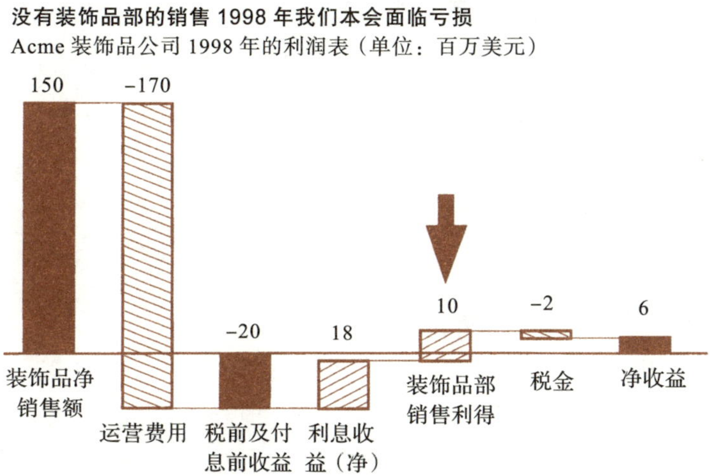

图 11-2 针对同样的信息新标题提出不同见解

资料来源：ACME 公司年度报告。

用瀑布图来描述流量

瀑布图（在麦肯锡之外的公司很少能见到，是计算机制图软件里没有的）是一种阐述数据逻辑的极佳方法。

在看上节的图例时，你可能会猜想看到的图属于哪种类型？它有点像柱状图，但又不像你从Excel、Freelance或其他制图工具软件里看到的那种。虽然这种图看起来有点怪异，但我确信你对它的理解不会有任何问题。这种图叫瀑布图，尽管很少见，麦肯锡人却一直在使用它。

当被问到从图表中学到了什么的时候，麦肯锡校友们都会提到瀑布图。他们喜欢瀑布图，常常将瀑布图运用于自己的工作中，然而在其他地方却很少见到这种图。为了让世界变得更美好，这里我就讲讲瀑布图的秘密。

瀑布图是一种阐述如何从数字A得到数字B的极佳方法。图11-1和图11-2中的数字描绘了一个简化的利润表，从最左边的销售额到最右边的净收益，展示了不同的项目。起点（例子中的销售额）是一个从零开始的柱子，诸如利息收益等正项，画成从上一个高点开始，向上延伸的柱子。像运营费用这样的负项，是从上一个高点开始，向下延伸的柱子。总额就是从最后一项的顶部（如果是负项的话就是底部）一直到横轴之间的距离。部分的总和也可以用同样的方式计算。

瀑布图可以描述静态数据（资产负债表、利润表）或者动态数据（时间序列数据、现金流）。你可以将正负项目放在一起（例如，我们从盈利六个单位开始，第一季度盈利三个单位，第二季度亏损两个单位，所以共计七个盈利单位），或者你可以把它们分开描述，介绍价值是在哪儿增加的又是在哪儿减少的。

不论你用什么数据，瀑布图都是一种以清晰、简明的方式传递信息的通用方法。所以，用它来展示动态之美吧！

·第 12 章·

管理公司的内部沟通

麦肯锡的内部沟通

以团队为基础的运营，其成功与否有赖于沟通，既包括自上而下的沟通，也包括自下而上的沟通。麦肯锡有和其他公司一样的内部沟通方法，电子邮件、备忘录、会议，等等。应该这么说，麦肯锡的内部沟通，没有什么与众不同的。但麦肯锡校友在他们多年的工作经验中，积累了很多管理内部沟通的有效方法，不妨加以运用。

让信息流动起来

信息对团队的重要性就如同汽油对汽车引擎的重要性一样，没了它，你的车就会熄火。

在本书中，我曾提到过著名的“蘑菇种植法”：在黑暗的环境下，不断地施肥，然后看看出现了什么。大多数人都没有意识到，蘑菇法是双向的，它也可能使你的上司蒙在鼓里。不论你往何处施肥，蘑菇法都是不能结出果实的。想要使团队更有效率，你就得保持信息的通畅。

要保证团队至少知道项目框架，重大的项目尤其如此。让团队都在“消息圈内”，有助于团队成员了解自己的工作对最终目标的意义。反之，当人们感觉自己生活在真空时，他们就会感到自己被集体疏离，士气也会受挫。假如保证团队成员知道最新的信息，他们会给你及时的反馈。至少，他们比你更贴近事实。有效的信息流动有助于你更快地认识问题（或机遇）。

要让你的上司跟上团队的进展。不要以为将上司蒙在鼓里，她就不干预你的工作了。当上司知道一切由她控制时，她会有种满足感。如果事情脱离了她的控制，要让她知道问题的根源所在，以便她有效地运用自己的专长去处理它。

内部沟通有两种基本方法：一种是传递信息（以语音信箱、电子邮件或备忘录等形式），另一种是会议。关于成功传递信息的小窍门，我们留到下一部分。现在，先集中讨论一下会议。

会议是把团队紧密联系在一起的黏合剂。团队会议让有益的信息充分流动，并提供某种程度上的社会联系。团队会议提醒那些出席会议的人，大家都是团队中的一员。苏珊娜·托西尼是一位前麦肯锡项目经理，她认为会议成功的关键就是确保每个人都参与。要确保每个人都参与会议，要让团队会议成为每个人工作日程的常规项目。如果没什么可讨论了，那就取消会议（尽可能提前），大家对这 45 分钟会另有安排。

苏珊娜认为会议成功的另外两项关键因素是会议议程和领导人。要保证议程的项目最少，以使每个人都能了解到重要的事件、观点和问题。如果有哪件事可以先搁置下来，另做安排，那就暂且放下。假如你是会议的领导人，要保证对会议各项内容的讨论尽量简明，频繁开会是可以的，但不要开不必要的、冗长的会。

还有一种内部沟通的独特方式：通过“走来走去”来学习（learning by walking around）。依我之见，一些很有价值的谈话就产生于偶遇中——走廊里、饮水机旁、午饭的路上、在麦肯锡，或者是在客户的公司里。四处走走、与人交流的过程中你也许会大有收获，没准别人也能收获颇丰。不要低估随机事实的价值。

不管选择怎样的方式与你的团队沟通，都要尽量让交流变得频繁而且坦诚。你可以提高团队的效率和士气，让上司的心情平静。让团队感受阳光吧！

有效信息的三个关键因素

有效的商业信息有三个特征：简洁、全面、系统。把这三点蕴藏在你的语音留言、电子邮件或者备忘录中，你的信息就会得以有效传播。

一条信息，不论是电子邮件、语音信息、备忘录或是书写潦草的记事贴，都是一份汇报的缩影——向受众传递信息的一种方式。就其本身而论，一条有效的信息和一份有效的汇报应该具有同样的特质：简洁，只包括受众需要知道的要点；全面，包括受众需要知道的所有要点；系统，有能将这些要点清晰传递给受众的结构。

1. **简洁**。口头交流中的简洁，或者省略，比书面沟通还要困难。很多商业人士可以写简短的备忘录，但多少人可以录一段简短的语音留言呢？要想做到这一点，就要在说（或者写）之前思考。把你的信息缩减到受众需要知道的三四点。有必要的话，把这些都写在纸上。有的麦肯锡人在给自己的项目经理或者客户高管发语音邮件之前像打草稿一样把所有的事情都写下来。我认为这样有点过了——只要把重点写下来就可以了。

2. **全面**。要保证你的信息包括受众需要知道的每件事，不要给受众留有悬念。不要只是告诉你的上司，“我在做 X、Y 和 Z。如果您有任何疑问，请通知我”。不要仅仅告诉她你正在做的工作，还要告诉她目前的主要问题是什么，你对它有何想法。不要只是向领导汇报工作，这是在浪费你们的时间。如果没有什么值得沟通的，那就等等再说吧。

3. 系统。要想别人理解你的信息，就要让它系统化，让它具有对听众来说很容易理解的结构。即便只是在写一页的电子邮件或者留 30 秒的语音留言，简单的结构也有助于你把信息说清楚。信息的系统性可以概括如下：

我们有三个问题，按重要性的顺序依次为：

- 我们的装饰品价格过高
- 我们的销售队伍办事不力
- 我们的装饰品厂刚刚遭到意外的破坏

有时候，麦肯锡人在系统化信息方面做得又过了头。一位纽约办公室的项目经理曾因按照公司的结构列自己的采购清单而“闻名”。还有一位老兄在他妻子的留言机里留了一段用麦肯锡结构向妻子示爱的信息。

虽然你不需要学这些过于狂热的麦肯锡人，但在商业沟通中只要记住传递有效信息的这三个关键，就一定能大获成功。

谨言慎行

如果你不能做到保密，你就不是一个称职的咨询顾问。要知道什么时候说什么，什么时候应保持沉默。在这方面不妨偏执一点。

在麦肯锡工作的第一周，我和公司里其他的新同事一起参加了一个短期培训课程。在一个有关保密的研讨会上，项目经理带领大家参加讨论，他提到在自己女友的公寓过夜时，公文包都是锁着的。对此我有些震惊。毕竟，如果连女友都不信任，你还能信谁呢？（那时我太年轻，还有些天真。）在麦肯锡工作时间长一点后，我渐渐意识到麦肯锡把保密看得有多重要。

麦肯锡在企业文化中不断强化保密的重要性。我们一直把保密牢记于心。在飞机上，我们绝不会把客户资料从公文包里取出来；我们永远不知道是谁坐在旁边——竞争对手、记者，或者是客户公司的某个人。如果我们还需要在那儿工作 3 小时，可就要倒霉了。

在办公室之外，我们从不提客户的名字，有时候即使是在公司里也不提。麦肯锡常常同时为同一产业的不同客户提供服务，所以在同事之间也要保密。我们在讨论客户时经常用代号，尽管有时候用得不太成功。一位德国的项目经理回忆，他回家的时候，发现了女友（她在另一家咨询公司工作）给他的一张便条，说代码 A（Code A。在德语里，Code A 的发音和“code ah”是一样的）公司的晚宴安排在慕尼黑饭店。实际上，客户的公司叫 Coda，打电话的人用的是客户的真名。幸运的是女友误解了来电人的话，但他还是心有余悸。

或许你认为在处理商业问题时不需要保密。问几个简单的问题吧：如果你在飞机上工作，你的竞争对手坐在旁边看到了你的工作，会发生什么？如果是你们公司其他项目组的同事看到了呢？如果是你的上司看到了呢？

如果你的工作内容是敏感的，要采取几项预防措施。不要把重要的文件乱扔，在晚上离开办公室时要锁好办公桌和文件柜。别在你的团队之外谈工作的细节（你可以告诉你的另一半，如果她不会给你的工作带来风险的话）。不要把敏感的文件带到公共场所——敏感意味着竞争对手或记者感兴趣的任何事。留心你在电话里的谈话，在发传真、电子邮件和语音信息时尤其注意，它们都是很容易落入不法分子之手的。

· 第 13 章 ·

与客户合作

与客户团队合作

毋庸讳言，没有客户就没有麦肯锡。客户是麦肯锡的生命之源，是维持其运行的生命之水。因此，麦肯锡人在任何时候都将客户放在第一位就不足为奇了。哈米什·麦克德莫特说，在麦肯锡有一套真正的层级：客户、公司、你（按降序排列）。

本章，我将介绍麦肯锡方法里**与客户合作**的两个方面。首先，我们从最大限度地发挥客户团队的积极性谈起，客户就是要和麦肯锡人一起工作、达成解决方案的客户公司的员工。接下来，我们会谈到怎样让客户在

麦肯锡非常强调不是“为客户工作”（work for clients）而是“与客户合作”（work with clients），即使是刚入职的分析员也往往会带领一个小的客户团队让他们参与项目。

项目中发挥积极影响并限制消极影响。然后，我们将介绍对客户的管理——在麦肯锡项目中，指的是客户公司里最先邀请我们的高级管理人员。你还会学习到如何使你的客户参与并支持你的工作，以及如何确保你的解决方案能得以实施，而不是被束之高阁。

对一些读者来说，客户团队的问题似乎离他们还比较遥远。毕竟，如果你不是一名咨询顾问，什么时候才可能与客户团队打交道呢？答案是肯定比你想得要快。作为一家大公司的问题解决专家，或许你需要与另一个部门一起工作；或许，你在一家合资企业里，要和一个来自完全不同公司的团队合作。在这种情况下，你会发现讨论客户团队的问题与讨论管理客户的问题一样重要。

让客户团队站到你这边

在和客户团队合作时，或者你和团队一同工作，或者你根本不用插手。要让客户团队的成员知道为什么他们的工作对你们双方都是有益的。

在和客户团队合作时，首要的事情就是让他们站到你这边，确保他们愿意帮助你。在麦肯锡，我们了解到让客户团队站到我们这边的关键，就是把我们的目标变成他们的目标。他们必须知道，假如自己的任务失败了，麦肯锡的任务也就失败了；反之亦然。

必须让客户团队的成员意识到，和麦肯锡一起工作对他们来说是一次不错的经历。至少，他们要知道自己可以学到一些在其他地方学不到的东西，而这些对他们的职业生涯是大有裨益的。他们还可能推动公司发生真正的变革——这是大多数人工作生涯里少有的。

例如，有一次我为华尔街一家经纪行做重组项目，我们的项目组和客户的一支由 IT 部门员工组成的团队合作。客户团队有一位叫莫蒂的特殊成员，他是一名主机电脑程序员，看上去有点特别。他穿上皮鞋不到一米七，戴着厚厚的眼镜，一套西装永远都显得不那么合体，他和父母住在布鲁克林。莫蒂并不想参加合作团队，他还有很多“真正”的工作要做。

我带着莫蒂一起做了几次访谈。他接触到了自己公司里的资深人物：银行家、经纪人和交易员——他们都是业务部门第一线的人士。通过问他们问题，莫蒂知道了在这些人心里，自己的部门应该承担哪些工作，他学会了如何运用自己的技能去解决问题，而这些问题在日常工作中我们往往意识不到。随着研究的深入，开会时莫蒂也变得更加自信和健谈了。和麦肯锡人一起工作，莫蒂开阔了眼界，并乐在其中（尤其是他不用写访谈记录，这个工作留给我了）。

在结束本部分内容时，我将为这个主题写上一句结语，这与我前面写的内容有些明显的矛盾（见第 5 章）。与客户团队一起工作时，团队活动真的能增加价值。由于客户团队和麦肯锡项目组之间没有共同的经历，所以与他们开展相应的社交活动，就可以使工作变得容易。一起打棒球或者去一家不错的餐馆共进晚餐（这时候大家就会收起在办公室的一面）都会有助于每个队员意识到大家都是实实在在的人，还有生活的一面。

如何与客户团队中的“讨债鬼”打交道

你会发现客户团队里不是每个人都与你有共同的能力和目标。尽量让“讨债鬼”成员离开你们的团队；不然，就避开他们。

在客户团队中，有两种类型的“讨债鬼”：一种是毫无用处型，另一种是敌意型。理想的情况是，哪种类型都不在你的团队里。然而，事实并非如人所愿，这两种人你都会遇到。

在纽约一家大型银行的项目中，我们的项目组与客户的一支由各部门（有信贷部、投资部、后台运营部，等等）高级经理组成的团队合作。其中，有一个叫汉克的成员，来自后台运营部。

应该说，汉克是块“璞玉”。他身高一米九三，看起来就像一位不修边幅的足球运动员——事实上也的确如此。他的领带从来都与衬衫不搭，西装上常常有食物留下的污渍。同时，汉克对他所在银行区域的里里外外都很熟悉，他和麦肯锡人一样聪明。

汉克不想与麦肯锡人一起工作。他认为麦肯锡爱向轻信的客户兜售一派胡言，然后让客户的员工来收拾残局。他不愿意在客户团队工作——他认为自己有真正的工作要做。上司把他派到团队里，虽然他每天都露面，但却顽固地拒绝合作。简言之，汉克对我们来说是没用的人。

如何处理汉克这样的人？或者其他一些太笨而不能胜任工作的人？第一个策略是，把他从团队里调走，换成更合适的人。

但换人这个办法不一定有效，或许没有合适的人选，或许又招来个新汉克。在这种情况下，你就不得不对付汉克了。要在工作中避开他，给他一块他能独立完成的工作。这块工作对项目来说不太重要，但也必须有人去做。你需要依靠其他成员来训练这个懒散的家伙。

汉克有如此多的缺点，但却比卡洛斯强很多。卡洛斯是来自阿根廷的超级滑头的操作员（他在牛津大学读本科，是哈佛的 MBA），他是客户团队的领导，也是我们和客户大多数高管联系的主要渠道。他也是个破坏者。卡洛斯得到客户公司里几个排斥麦肯锡的高层派系的支持，这些高层知道麦肯锡所提建议的方向，他们不喜欢这样的建议。

卡洛斯“巧妙而积极”地阻止我们完成工作：他把我们带到死胡同，在背后对管理层说我们的坏话，在我们做汇报时搞破坏。我们很快意识到卡洛斯不是朋友。

对付卡洛斯，或者任何有敌意的客户团队成员，要比对付汉克更棘手。同样，最好的策略还是把这个破坏者从团队里换走，但这个办法通常不可行。要知道，卡洛斯当权，那是因为组织中某位有权的人希望他在那个位置上。还有一个解决方案就是避开这些间谍和破坏者，在可能的地方利用他们的天赋，在必要的时候避免他们接触到敏感的信息。如果你知道谁是这个间谍背后的操纵者，揣摩出这个操纵者的意图——或许你可以利用它，在推介解决方案时把它变成你的优势。

在我们的案例中，我们不得不把卡洛斯留给我们的项目经理，他有对付卡洛斯的政治技巧和政治力量。即使是这样，卡洛斯在我们整个项目中始终是一个眼中钉。

没必要让“讨债鬼”成员成为一场灾难。有时候，你可以雕琢那些璞玉。在汉克的项目中，工作几周之后，我们设法把他带到团队中来，让他理解（至少是部分理解）麦肯锡解决问题的方法。最后，他肯为我们的解决方案效劳了。

让客户参与工作

如果客户不支持你，你的计划就要搁浅。让客户加入你的项目，做一名真正的参与者。

要想成为一名成功的管理咨询顾问或企业诊断专家，必须要让你的客户（你的上司或者雇用你的公司管理层）参与到解决问题的过程中来。他们的参与意味着他们支持你的工作，提供你所需的资源，或者关心你的成果。这样来定义的话，很难想象离开客户的参与，有哪个项目是能成功的。

想要客户参与你的工作，第一件事就是要理解他们的打算和意图。客户只有认为你的工作对他们来说有意义时才会支持你。要记住他们的利益是随时变化的。频繁的接触和定期的更新（哪怕只是通过备忘录）都有助于你和客户的联系，要让你的项目成为他们工作的重要内容。要与客户预定时间，按照项目进程安排好和客户的定期会议，如果后期需要调整也无妨。

早期的“胜利”（见第 3 章）会为大家的工作带来更多的热情和信心——胜利越多，热情就越多。客户们觉得自己处在解决问题的工作过程中，就会更加积极地参与项目。假如你的解决方案有了客户的参与，有了他们的理解，而不是仅仅将解决方案作为礼物送给他们，你的长期收益就会更多。

如果你是个外部咨询顾问，很少会因为工作做得好而受到好评，这是咨询业中颇有讽刺意味的事。假如你的解决方案真的奏效，客户会认为那是他们自己的功劳。苏珊娜·托西尼还是一名顾问时就有这样的感觉：

> 我设计了一种客户用来评估不动产购置的巨大现金流模型。我花了几个月在这个项目上，付出了巨大的努力。客户团队的成员在这项工作上也的确有所贡献，但实质上这是我的模型。等到推出该模型时，在为采购部的高级主管进行的培训项目上，客户团队的成员站起来讲起了这个他们开发的模型。我坐在后面想："嘿，这是我的模型！"不过后来我意识到让他们觉得这是他们自己的更好。这不是麦肯锡的模型，不是苏珊娜·托西尼的模型——这就是他们自己的模型。

实际上，这也并不是坏事。

获得整个公司的支持

如果希望你的解决方案对客户有长远的影响，就要获得公司各个层面的支持。

以为想出了一个精彩绝伦的解决方案，将它构造得富有逻辑，将它清晰、精确地展现给客户，然后就可以大功告成回家了吗？错！假如你想创造出有持续影响的真正变革，就得让公司中受它影响的每个人都认同你的解决方案。

比如，你告诉董事会可以通过重组装饰品销售部门人员和对生产进行流程管理提高装饰品的利润率。你振振有词，董事会认可了你的建议，点上了雪茄，打开了香槟庆祝。但有个小小的问题：销售人员和生产线上的工人会怎么看呢？如果他们不喜欢你的建议，如果他们奋力抵抗，你的解决方案就会被束之高阁，放在过时的录像机旁。

为了避免这种可怕的命运，你必须要把解决方案推介到公司的不同层面，从董事会到最基层。向董事会推介之后，再向中层经理推介。他们的日常工作中有实施计划的责任，所以让他们知道进展。也别忽略那些生产线上的工人，你的建议对他们的影响或许是最大的，所以他们的支持对成功实施计划尤为关键。最后，系统的情况说明和介绍也是锻炼团队成员汇报能力的绝佳机会。

根据不同的受众，对你的方案做出相应调整。不要对车队司机和 CEO 做同样的情况说明。同时，要尊重你的听众，向他们解释要做些什么和为什么这样做。向他们呈现事情的大局，让其知道自己的工作与整个公司是紧密相连的。他们都很睿智，会明白的。对他们以礼相待（记住，有时候他们没有获得应有的尊重），多数情况下他们是会给予积极回应的。

实施要严谨

改变现状要做很多工作，需要严谨和周密。要确保每个人都各司其职、完成工作。

实施变革是个大工程，足以写本书了。在这里我仅阐述麦肯锡咨询顾问在实施变革的过程中积累的几条基本原则。

实施大的变革，必须按计划而行。你的实施计划应该明确说明会发生什么、什么时间发生——要写得尽可能详细。不要只写：

> 我们必须调整装饰品销售人员。

而应该这样写：

> 我们必须调整装饰品销售人员。
>
> - 召开所有销售区域的培训会议（开始时间：3 月 1 日；负责人：汤姆）
> - 按顾客类型把销售人员重新分配到新的销售团队（开始时间：3 月 15 日；负责人：迪克）
> - 让新的销售团队拜访最大的 20 家客户（开始时间：4 月 1 日；负责人：哈里特）

一位麦肯锡的前项目经理提供了一个成功实施计划

的不成文的小秘诀：

> 说清楚需要做哪些事，什么时间做，明确和细化到傻瓜都能看懂的程度。

不用多说了。

让专人负责实施解决方案。选人要格外留心，要保证他们具有完成工作的必要技能。让他们在规定时间完成任务，不允许有例外，除非有绝对特殊的情况。

合适的人可以使实施过程很顺利地进行。如果那个人不是你的话，一定要找能够“胜任”的人。有一次，麦肯锡的客户是一家跨国银行，在那个项目里，项目经理选了一个叫洛塔尔的可怕家伙来实施一个后台运行的大型变革项目。洛塔尔的声音和相貌都很像阿诺·施瓦辛格，他有一套完成工作的简单技巧。通过运用详细的麦肯锡实施方案，他向团队成员分配了任务。每隔两周，团队会面一次，任何没有完成任务的人都要向整个团队做出解释。第一次会议之后，几个团队成员领教了洛塔尔的严厉，再也没有人敢不按期完成任务了。

几个月后，麦肯锡的项目经理打电话问洛塔尔工作进展，他回答道：“每个人都说实施有多困难，但对我来说好像很简单。”

第四部分

麦肯锡生存之道

在第四部分里，你将学到一些生存技巧，它不仅在麦肯锡适用，在任何高压企业中也同样适用。如果你希望在一连几周的出差中保持头脑清醒，如果你希望在公司里能顺利得到提升，如果你希望过好每周工作 100 小时的生活，第四部分的内容会对你有所帮助。此外，我将向你介绍麦肯锡的招聘过程，对想要加入麦肯锡的读者提一些小建议。

读完本部分，你可能会发现与你想象的不同，在麦肯锡的生活比工作更丰富多彩。我不得不说，说的再多也不够，这也是第四部分比较简短的原因。

· 第 14 章 ·

找到自己的导师

如有可能，要尽可能地利用别人的经验。在公司找一位资深人士做你的导师。

就像人猿泰山说的那样，外面是弱肉强食的丛林。要想找到走出雨林的路，就要有个向导，向导比你有经验，可以帮你拨云见日。如今，有个流行词，把向导称为导师。

麦肯锡一直保持着一套鼓励**导师文化**的体系。每名咨询顾问，从分析人员到项目经理，都配有一名导师，对他在公司的职业生涯进行监督和指导。表面看，这是一个绝佳的主意，作为一名 MBA，我在考虑是否加入麦肯锡纽约办公室时，绝对是这么想的。

实际上，只有新上任的项目经理有导师。最资深的项目经理，公司里没有人指导他们。那些宣称高级客服主管有一套直接通过视频会议向更高权力组织汇报的说法是不可信的。

和许多绝佳的主意一样，其执行起来也有很多有待改进的地方。在上班的第一周，公司就给我指派了一位导师，他是一位 30 岁左右和蔼可亲的合伙人。他请我去一家时髦的意大利餐厅吃饭，那里经常有一些超级名模光顾。我们聊起在公司的事，以及如何才能攻克难关、取得胜利，度过了愉快而充实的 45 分钟。那次之后，我只见过他一次，大概6个月以后，他被派去墨西哥开办一个新的办事处。

他走后，我有好几个月都很迷茫。最后，公司为我指派了另外一位导师，尽管他作为导师声望极佳，但我是他十来个“学员”中的一个，除了形式上对我的工作表现进行评估之外，在与他的师徒交往中，我的收获很少。

没了向导，我是不是就得在麦肯锡的大海中随波逐流了呢？绝对不是。我和其他想要成功的麦肯锡人一样，胸怀大志。我的大部分工作是和一位项目经理一起做的，他也是当初决定录用我的人。我们关系很好——可以说很有默契。在不知所措，想听取建议时，我就去找他。他也让我参加他的项目组，做我擅长的研究。我很自信的一点是，只要我在他那里好好表现，在分派工作、评估和晋级时，他都会站在我这边。

我的经历在麦肯锡很有代表性。你从指派导师那里能得到多少要看运气。如果你希望得到更多的指导，必须出去寻找。

我认为这是在任何公司都通用的法则。找一个资历比你深的人，这个人的能力和见解都是你所钦佩的，让他给你些建议。很多人都喜欢给别人提建议，在别人征求意见时能够坦诚相待。当然，如果你和他关系很好的话，更会如此。要和导师一起工作，可能的话，学习一切你能学习的东西。但拜访也不要太过频繁，你总不想让人生厌吧？

不论你的公司是什么样的体制，你都要找到自己的导师。找到值得你信赖和尊重的领路人，帮你穿越公司的丛林。

· 第 15 章 ·

出差：乐在其中

游遍全国（或者全球）会让你筋疲力尽。让出差变成一种探险，减轻你的负担，合适的计划和良好的心态是明智之举。

虽然在麦肯锡工作会获得很多机会——好的待遇、有趣的工作、高水平的同事，但工作也着实辛苦。长时间工作、熬通宵是常有的事，麦肯锡的咨询顾问还会把很多时间花在出差上，远离家庭、家人和朋友。

有时候，公司的商务旅行很有趣：一周都待在伦敦或巴黎，为什么不利用周末去阿尔卑斯山滑雪呢？然而，到外地工作大多都是苦差事。一位麦肯锡校友、曾经的项目经理说，没有什么事会让人这么思维麻木了。有一次，一位麦肯锡的咨询顾问要走访一家制造企业遍布美国的所有工厂，正如他所言，“如果是周二，那我一定是在达文波特”。更有甚者，你会发现自己每周一早晨（或者周日的晚上）要赶 1000 公里的路到某位遥远的顾客那里，就像哈米什·麦克德莫特，曾在底特律的一家汽车制造厂商那里度过了最寒冷、最漫长的 6 个月。这种长期出差对你的健康、人际关系和精神状态[㊀]

㊀ 就个人而言，我是一个少有的例外，在一个外地项目中，我只出差了一天。我客户中的大多数是纽约的金融公司，所以我经常乘地铁去华尔街。由于这个原因，我出远门的“同学”顾问们非常嫉妒我，不过，我也错过了当“飞机常客”的机会。

都会造成一定损害。

麦肯锡人想出了很多方法对付这种严酷的长途旅行。他们都一致强调保持积极心态的重要性。阿贝·布莱伯格说：

试着将出差看成一次探险。即使我被困在密歇根的弗林特，要度过冬天里的3个月，至少我可以告诉我的孙子们，“我曾在弗林特度过严冬”。不是每个人都可以这样说的。

詹森·克莱因补充道：

要像旅行家一样，充分利用你的优势。如果你在北卡罗来纳州做项目的话，就去打高尔夫，花上一个下午去卵石滩玩儿。你不能埋头苦干太久。

记住，旅行是你在工作之外可以进行的活动。阿贝·布莱伯格还说：

在麦肯锡出差，我结识了许多在其他情况下不可能认识的人，我曾做过一个项目，在一次会议中，大家坐在一起讨论营销厕纸的事情。长这么大我从来没参与过卖厕纸的活动！这当然不是我一生要致力于的事业，但却是在公司工作的一种乐趣。

在出差中生存的另外一个关键就是：适当做计划。如果有必要，就把你在客户那里的时间做一个安排，保证周五或者周一你能回家。带上轻便的衣服，要知道你需要在路上带什么东西，而不是认为你应该需要什么。如果可以，乘飞机的话只带一件手提行李就够了，不要想着托运多余的东西。如果你要在一个地方待很久，要看看酒店是不是有当你出去度周末时，可以寄存行李的地方——要确定不是在员工的吸烟室（亚当 · 戈尔德花了很大代价才学到这个！）。找一家可靠的出租车公司。如果你租了车，要保证自己对目的地有清晰准确的认识。否则，你会发现自己就像哈米什 · 麦克德莫特曾经经历过的那样，刚一离开州际公路就冲向了底特律一条肮脏的小巷（这样的冒险就免了吧）。

不要让旅行和工作成为纯粹的损耗，尤其是在出差很长时间的情况下。找到一种工作以外的娱乐活动，和你的同事、客户团队成员，或者商学院和大学的老朋友共进晚餐、看看演出，或打场球赛。至少，当你回到宾馆睡觉之前做点什么——不论是否完成了工作，都读读书或看看电视。不要让出差变成一种连续不断地工作、吃饭和睡觉的循环。

最后一个生存技巧，要感谢埃里克·哈茨，他现在是一家网络银行的董事长。他说：

> 对每个人都要非常尊重。有时候麦肯锡人会显得咄咄逼人，缺乏耐心；他们往往理解不了为什么得不到自己想要的结果。我的一些同事对我的事情感到迷惑：我是如何获得提升的，或者飞机满员后我还能再放一只箱子——诸如此类的事吧。空服人员、门卫，或者客户的助手——这些人的权力往往超乎你的想象，他们愿意帮助那些对他们表示尊重的人。尊重他们也会减少你的压力（对他们友好比让他们沮丧容易多了）。所以，这是一种双赢。

这或许就是本书最好的建议了。

· 第 16 章 ·

出差必带的三件宝

临行时，把你的旅行需求降低到必需的几件东西上。这里给你出几个点子，别不当回事儿。

任何一个经常旅行的人，不论是因公出差还是休闲度假，都知道出国时必须要带的三件东西，这就是著名的PTM：护照（passport）、机票（ticket）和钱（money）。每当出差时，我都要确定自己是否带了另外三件东西：一份旅行计划、一张约见的人员名单、一本好书。正如我所说的，麦肯锡的事都是以三出现的，我问了一些麦肯锡校友，旅行时要带的东西有哪些。

以下是按类别划分的答案（毕竟，这是一份麦肯锡清单）。

衣服

- 多带一件衬衣（或裤子）
- 男士要带几条备用的领带
- 女士要带双舒适的平底鞋
- 休闲装
- 运动装（“出差时很容易忽视身体健康”）
- 一件保暖的羊毛衫，在夜间乘飞机时穿会很舒服

工具

- 便笺
- 绘图纸
- 你要给客户的各种复印件
- HP12C 计算器（“虽然在约会时没那么抢眼，却比瑞士军刀好用”）

个人用品

- 牙刷
- 男士要带剃须用具
- 女士要带迷你化妆包
- 肠胃药
- 一瓶泰诺

保持条理以及与公司保持联系的物品

- 记事本
- 信用卡（“把它们放在另外一个钱包里”）

- 航班时刻表
- 手机（“如果我忘了什么事，就让他们传真过来”）
- 到达客户所在地的地图（这样你就不会走错方向了）

娱乐用品

- 一本好书
- 飞机上阅读的剪报
- 有声书，尤其是你的旅行中有开长途车的情况时
- 笔记本电脑游戏

最古怪的答案要属杜塞尔多夫办公室的一位麦肯锡人，他把可口可乐列在清单上（“我去过很多次东欧了，我现在喝热、凉、烫的可乐连眼都不眨”），或许这就属于个人喜好了。

如果这些答案有一个共同的主题，那就是“做好准备”。要保证你不会少了哪种急需的东西。话虽如此，

最优三项奖的获奖者要属华盛顿办公室的一位麦肯锡校友（匿名的）。这位英雄很多时间都在巴西做项目，与其他事相比，天气最难以预料，所以，他随身必带的宝贝是：雨伞、墨镜、避孕套。

· 第 17 章 ·

好助手是你的生命线

叫秘书也好，叫助手也好，不管你叫他什么，他是为你捎口信的人，是为你安排进度的人，是为你打字、复印、整理文件的人，他还负责其他很多的办公室工作，他是你尤为珍贵的资源。要好好对待你的秘书。

在麦肯锡的纽约办公室，好的秘书就和顶尖的MBA学生一样抢手。和其他大公司一样，麦肯锡如果没有了一群高效的秘书队伍处理咨询顾问们没空、不愿或者（坦率地说）不能处理的海量行政事务，麦肯锡就会崩溃。当咨询顾问们出差时，秘书就是把他们和公司连接在一起的生命线。

为吸引最好的秘书来公司工作，麦肯锡为秘书们做了真正的职业发展规划。新来的秘书通常先与刚进公司不久的顾问一起工作，其中的佼佼者将转去为高级项目经理工作，最优秀的秘书为合伙人或者其他高管工作，秘书每年都要接受再培训，但他们的发展还远不止这些。负责行政和招聘职能的经理人都是从秘书做起的，现在他们已经具有很大的权力和责任。麦肯锡做这些都是为了吸引和留住最优秀的秘书，就像吸引和留住最优秀的咨询顾问一样。

一名好的秘书可以通过自己的工作让咨询顾问的生活过得更加轻松。从显而易见的工作诸如打字、归档、复印，到更细节的日常事务：安排时间表，为长期做项目的咨询顾问付信用卡账单，在一个被你遗忘的日子为你的另一半送鲜花。实际上，就是这些默默无闻的工作让咨询顾问的生活变得轻松自在。大多数麦肯锡人都能够自己打字、处理文件，每个人在紧要关头都可以启动复印机。但如果你未来6个月都在离家500公里的地方，当你知道在“后方”有个值得信赖的人为你做这些琐事——你的生活会多么轻松！

与之相反，情况就糟多了。我见过很多顾问生活在人间地狱，因为他们的秘书达不到标准。文件丢失了，传真发错了地方，信息传递不及时，客户因他们接电话时糟糕的态度而大为恼火。一位咨询顾问，有两个交往中的男友，他们都不知道对方的存在，一次，秘书没有说这位女士一周都在休斯敦，反而告诉1号男友她正在和2号男友约会吃午餐！

在麦肯锡，咨询顾问都要在不了解底细的情况下挑选秘书。我相当幸运，我的秘书珊迪从一开始就很优秀。尽管她是我和其他四位咨询顾问共同的秘书，却经常帮我成功脱险。我在评估表上一直给她打最高分（这也让我很不安，很担心别人把她抢走了）。我对她也很不错，不仅仅是在秘书节送花或者在圣诞节送她漂亮的礼物，更重要的是对她的工作一直给予应有的尊重，使她工作起来尽可能容易。

我一般都会尽量把自己的想法清楚地告诉秘书，让她知道我每时每刻的行踪，这样她就可以通知我重要的消息，或者让客户和其他同事联系到我。最重要的是，只要有可能，我就给她展示主动性和进行决策的机会：在整理汇报材料的时候，在为我安排时间表的过程中，在联系我和其他同事的时候，这使我们双方都受益匪浅。

当然，现在很多人都没有全职秘书了。或许他们只有每周来几个小时的临时秘书，或者就是初级团队成员来做这些“繁杂”的工作。原则依然是，好好对待他们，明确自己需要什么，给他们发展空间。当然，临时秘书在公司里是不能够得到晋升的，但如果你对他以礼相待，从他那里也会看到好的表现。另外，对初级团队成员来说，一点点的呵护，都能使他们获益不少。花时间好好培养他们，回答他们的问题，告诉他们应该注意的事项，相信我，这对你也很有帮助。

·第 18 章·

麦肯锡式招聘

麦肯锡在招聘过程中会寻找有独特个性的人。下面将介绍麦肯锡是如何找到他们的（以及你该如何向麦肯锡证明你就是它要找的人）。

麦肯锡的目标之一，正如写在它使命宣言中的话一样，是“建设一家能吸引、培养、激励和留住杰出人才的公司”。实现这一目标的第一步就是招聘最具潜力的员工。正如我在其他地方所阐述的，麦肯锡试图寻找的是精华，是顶尖商学院、法学院还有经济和金融学研究生里精英中的精英。公司还另辟蹊径，从商业学术领域之外选拔“非传统”的人才，包括医生、科学家以及政界人士。

由于对招聘非常重视，公司也为招聘提供了可观的资源——相对来说，或许比其他任何公司都要丰富。例如，每家顶级商学院都有一支麦肯锡的招聘团队，由顾问负责经费的使用和招聘工作。经费也确实惊人——把4名咨询顾问从纽约送到费城，让他们在当地最好的酒店住上5天，再把几十位MBA请到高级餐厅用餐。此外，团队的项目经理全权负责招聘工作，按照麦肯锡的每小时收费标准，这也代表着巨大的机会成本！

即使是小范围的招聘，麦肯锡也没有省小钱。克里斯廷·阿斯里森请一位法学博士和MBA在纽约吃午餐，他们去了著名的Le Cirque，看到伊万娜·特朗普坐在后面的角落里，沃尔特 · 克朗凯特[⊖]走了进来，他们彼此点头致意。克里斯廷回忆道："当时我们感觉酷极了。"

通过使用这些"重型武器"，公司能找到分析能力最强的人。一位麦肯锡的前招聘人员告诉我：

> 我一直在找分析型的思考者，就是那些可以把复杂议题分解为子议题的人，我需要他们知道如何将解决问题系统化；我也寻找有商业判断力的人，这个人要知道他的解决方案的真正含义。这就是为什么我在招聘的时候经常使用案例的原因。

案例是麦肯锡面试中挑选员工的武器。从一般的案例（它们都是麦肯锡真实案例的紧凑版）到毫无章法的案例，甚至有稀奇古怪的案例。比如，"美国有多少加油站？""为什么下水道的盖子是圆的？"[⊜]

⊖ 伊万娜 · 特朗普（Ivana Trump）是美国著名的女影星。沃尔特 · 克朗凯特（Walter Cronkite）是美国最负盛名的电视新闻节目主持人。——译者注

⊜ 我加入公司的时候，面试官问过这样一个问题："你刚刚被派到纽约市市长那里担任特别顾问，他想知道怎样让纽约变得更美好。你应该告诉他什么？"作为一名波士顿市民，我本来要说很多的，但是我着重把问题分解，这样很有效。

在面试案例中，面试官想知道面试者如何思考问题，而不是如何正确地回答问题。和很多商业问题一样，这些问题并没有正确答案。要想成功从面试中胜出，需要将问题分解，问相关的问题，必要的时候做一些合理的假设。

比如说，要算出加油站的数量，或许你可以先问问美国有多少辆车。面试官或许会告诉你答案，也或许说："我不知道，你来告诉我吧。"这时，你应回答：美国的人口大约是 2.75 亿。如果平均的家庭人口数量（包括单身的家庭）是 2.5 人，你的计算器[㊀]会告诉你美国大约有 1.1 亿个家庭。面试官会点点头表示赞同。你回忆起在某个地方听人说过，平均每个家庭有 1.8 辆车（或者是 1.8 个孩子？），所以美国一定有 1.98 亿辆车。现在，你只需算出需要有多少加油站来为 1.98 亿辆车服务就行了，问题也就迎刃而解了。重要的不是数字，而是你得出数字的方法。我在面试中遇到过这个问题，后来面试官告诉我，我的答案差

㊀ 你永远都不会想到自己什么时候需要计算器！（见第 16 章。）

了3倍，但测试我的分析能力才是目的，答案没有丝毫影响。

然而，对麦肯锡人来说仅有分析能力是不够的。麦肯锡的咨询顾问在团队里工作，所以性格也是很重要的。正如阿贝·布莱伯格所说：

> 我认为大多数能进入面试的人都是聪明到足以在公司工作的人。所以我试图回答这样的问题：我真的愿意和他一起工作吗？我经常拒绝录用很聪明但脾气差的人。我最大的乐趣就是说："他绝对聪明，可就算给我100万美元我也不愿意他来我的团队。"

一名候选者除了要适应面试官，还要适应整个公司。为了发现这一点，面试官要过滤掉简历中华丽的语言。候选人都很狡猾，所以面试过程也很艰难。

有一次，哈米什·麦克德莫特面试一名来自哈佛商学院的候选者。哈米什从传统的面试话题开始："介绍一下你自己吧。"哈佛人用一段很有系统的、精心准备的长篇大论列出了自己的优势、品格、生活经历。哈米什知道自己在听他打好的草稿，就打断他，问了一个问题："你怎么描述你的分析能力？"哈佛人不愿意停下自己的独白，回答说："10 分钟后我就会回答这个问题。"哈米什回忆说："那不是我要的答案。"很显然，哈佛人最后没有被麦肯锡录取。

毫无疑问，你们中的很多人都想知道怎样能来麦肯锡工作。答案很简单：超出一般的智商，拥有名牌大学和顶级商学院的学位，在从前的工作中做出过成绩，证明自己有超凡的分析能力。说起来很简单，但做起来不容易。

如果你设法清除了所有的障碍，加入麦肯锡的关键就是案例面试了。我已经谈过了案例面试，但是我还想分享贾森·克莱因的建议，他描述了该如何对待一次案例面试：

> 我经常问同样的案例，我不是在找一个特定的答案，而是想看大家如何处理一个复杂问题。在这个复杂问题里，会有大量信息一下子涌向他们，一些人不知所措，一些人越挖越深，后面这些人就是我要的。

· 第 19 章 ·

紧张工作之外，如何拥有私生活

你一周工作 80 多个小时，除了吃饭、睡觉、洗漱，没剩下多少时间做其他事了。如果你想要拥有私生活，就必须事先做一些工作。

我在公司有一段甜蜜又苦涩的回忆。那时，我正在做一个华尔街投资银行的项目。我的女朋友（现在是我妻子）是我的客户，她负责证券投资组合战略研究。那次项目的5个月中，很多次我们同搭一辆出租车在凌晨两点回家。

每当我问麦肯锡校友是如何离开办公室开始私生活的，很多人说，他们没有私生活。有个人告诉我："我没有好好享受私生活，因为我没有制定足够的规则，我太害怕它影响我的事业了。"他的经验是，如果你在疯狂工作时，想要一些自己的生活，就要制定一些规则。

和几位麦肯锡校友讨论之后，我们达成了在公司生活得更好的三条规则：

- **一周中有一天不要工作。**选一天（大多数人选周六或周日）告诉你的上司（和你自己），除非有绝对紧急的情况，你在这一天不做任何工作。大多数情况下，大多数的上司会尊重这个决定。你自己也要尊重这个决定。这一天和你的朋友、家人在一起，或者只是看看报纸，让你的精神离开工作，稍稍放松。

- **不要把工作带回家**。把工作和家庭分开，如果你需要再工作一小时，就在办公室工作，这远比回到家却因为自己还有工作而冷落孩子要好得多。家是一个可以做回自己的地方。
- **事前做计划**。如果你要在周末出差，这就是最重要的一条规则。不要周五晚上从机场回来还想找到员工周末为你工作。出差的时候，就别挂念什么了，尤其是一个人的时候。如果你不想只是看书，就事前做好计划。

立下规则有个最大的好处，它让每个人知道要尊重什么——你的上司、你的另一半、你的孩子还有你自己。当然，即使是这些最基本的规则，也是很难坚持的。当你的优先顺序是“客户、公司、你”时，有时候就不得不让你的生活退到工作之后了。这就得出了我的最后一条规则：

- 当一切都失去的时候，家里要有一个人在等你。那样，至少你可以回家去洗衣服。

第五部分

麦肯锡校友的忠告

正如一位麦肯锡校友告诉我的，离开麦肯锡永远不是一个要不要的问题，而是一个何时离开的问题。我们常说，一批新顾问的半衰期大约是两年——到这段时间结束，他们中的一半就会离开公司。我在公司的时候如此，现在依然是这样。

然而，离开麦肯锡生活还要继续。实际上，会有更多的生活，因为你不会再找一份工作时间和强度都如此的工作。无疑，绝大多数麦肯锡人都会选择离开，寻找新的落脚点。扫一眼麦肯锡校友的通讯录就会发现，大约 5000 个名字中，有无数个 CEO、CFO、高级经理、教授和政治家。

所有这些校友都拥有麦肯锡的回忆、在麦肯锡的教训、达到或没达到的目标。公司赋予他们的如同他们赋予客户的一样多。在最后几页中，我想和你一起分享这些回忆。

· 第 20 章 ·

最有价值的一课

每个人来到麦肯锡和离开它的时候都会有完全不同的印象。尽管大多数麦肯锡校友会百感交集，但他们都会说在那里学到了很多。

写这本书时，我有两个目标。首先是介绍让麦肯锡和麦肯锡人如此成功的一些技巧；其次是向外界传递有关在麦肯锡工作和与麦肯锡人一起工作的一些看法。当你读到这里的时候，希望这两个目标都已经实现了。

本书已经接近尾声，我想与你分享一个问题的答案，这个问题我问过了所有我交流过的麦肯锡校友，问题是这样的：“你在公司学到的最有价值的一课是什么？”一些答案已经或长或短地包含在本书中的一些材料里了；一些回答则只能学，不能教。下面是 13 个麦肯锡校友用他们自己的话，描述其学到的最有价值的经验。

永远保持你的正直。在商业生活中你会遇到无数的灰色区域——永远要堂堂正正。做一个《华尔街日报》的测试，如果你在头版读到有关你们的新闻，感到心情不错，那还好；如果不是，你就是在触犯道德——别这样做。

——埃里克 · 哈茨，亚特兰大 / 华盛顿 / 巴黎办公室，1986～1995 年；

现任亚特兰大网络第一安全银行总裁

咨询最好是被当成一种职业来看。把客户放在第一位是成功进行客户服务的关键，这样做的话，你就必须维护你的职业目标。当客户没有获得预期的解答时，我的职业允许我坚定自己的立场，当客户不想与我一起工作时，我也可以选择离开，这会使我关注究竟什么才能真正为客户带来价值。

——杰夫·坂口，洛杉矶办公室，1989～1995 年；
现任埃森哲咨询公司合伙人

关注资源和减少层级有助于做最好的决策。公司的客户在尝试变革时做到二者之一都非常困难。

——克利夫兰办公室前项目经理

就个人而言，我学到最重要的就是谦虚。我加入麦肯锡的时候，是一名 24 岁的顾问，之前的人生是一帆风顺的。第一次，我被一群有备而来且比我更有能力的人包围了。用职业的话说，我学会了把问题系统化从而解决它。麦肯锡告诉我每个问题都有一个解决方案，或许它不完善，但会允许我朝正确的方向前行。

——韦斯利·桑德，芝加哥办公室，1993～1996 年

我不能说哪一课是最有价值的。这与问题解决流程有关——任何一个问题，不论多么令人生畏，都可以被分解然后得以解决。另外一个就是太阳底下没有任何新鲜事儿。不论你在做什么，都有人之前已经做过了——找到这个人就行。

——苏珊娜 · 托西尼，纽约和加拉加斯办公室，1990～1995 年

公司有一个不变的理念，没有明星，只有经营管理制度。这种文化在麦肯锡很浓，我认为在其他组织也行得通。我自己一直在实践它。

——格莱士 · 布雷巴克，纽约办公室前客服项目责任董事；
现任 Nextera 公司 CEO

执行和实施是关键。一本蓝皮书只是蓝皮书，除非你在上面写些什么。具体实施永远是最重要的。

——纽约办公室前项目经理

我学会把诚实和谦虚当成商业领域里最重要的东西——这是麦肯锡谆谆教导员工和一以贯之的理念。

——哈米什 · 麦克德莫特，纽约办公室，1990～1994 年；
现任华尔街一家投资银行的高级经理

不要害怕最终的结果，它们还需证实与检验，尽管去制定最终方案。

——纽约办公室前咨询顾问

当遭遇难以解决的问题时，把它分解然后再分析。

——克里斯廷·阿斯里森，纽约办公室，1990～1993 年；现在硅谷工作

所有事都有价值，很难选择。

——一位伦敦办公室前咨询顾问

我更愿意和一大群聪明人一起工作，而不是给我一大笔预算。聪明人会让你更快达到目的。

——一位伦敦办公室前咨询顾问

你或许正带着一些判断在问自己，我学到的最重要的东西是什么。我想了很久，这就是我认为最重要的：

任何阻碍有效沟通的行为都是对强大公司的诅咒。模糊的想法、模糊的术语、难以渗透的公司层级，还有唯唯诺诺的人，这些都阻碍了为顾客和客户增加价值。

系统化的思考、清晰的语言，以及有责任心同时鼓励异议的精英管理制度，还有职业化的目标，这些可以使一个企业和它的员工发挥最大的潜能。对此，麦肯锡有个专门的术语叫作“职业化”。

——艾森 · M. 拉塞尔，纽约办公室，1989～1992 年

· 第 21 章 ·

关于麦肯锡的回忆

麦肯锡给它的校友留下了很多生动的回忆。下面就是一些例子。

我不但问了麦肯锡校友他们学到了什么最有价值的东西，还问了他们对公司印象最深的是什么。尽管以下所选择的内容占据了麦肯锡校友的大部分回忆，但正是那些最深刻的记忆和那些强人铸就了麦肯锡的今天：

印象最深的就是严格的信息标准和分析标准，对每个议题的求证与再求证，以及对客户和公司内部高水准的交流。

——波士顿和纽约办公室前咨询顾问

我记忆最深的就是麦肯锡的高标准和追求卓越的不懈努力。这些是你在公司之外体会不到的。在公司里，有一种态度："如果有问题，给我资源就能解决，我们这就着手去做。"公司之外，你经常遇到的态度是："做不了！"这在麦肯锡是不可接受的。

——贾森·E.克莱因，纽约办公室，1989～1993年；
现任《田园和小溪》杂志总经理

我记忆最深的一件事，也是让我最享受的事，就是以团队方式解决问题。我享受在团队里和聪明的同事一起思考的那种力量。

——阿贝·布莱伯格，华盛顿办公室，1990～1996 年；现任高盛公司副总裁

系统、系统、系统。MECE、MECE、MECE。大胆假设，小心求证；大胆假设，小心求证；大胆假设，小心求证。

——杜塞尔多夫和旧金山前咨询顾问

公司同事给我留下了让人难以置信的美好回忆。那里有一群高素质、聪明、积极向上的人，这是在其他地方遇不到的。

——哈米什·麦克德莫特

我印象最深的是：整个麦肯锡公司招聘和保留人才的政策——不仅仅是咨询。

——纽约办公室前咨询顾问

我印象最深的是：那里的人。总的来说，他们很聪明，而且和他们相处很愉快。

——纽约办公室前项目经理

我印象最深的是：员工的智慧，不论是新来的顾问还最最高级的项目责任董事；还有他们的平易近人，不论身处什么层级。

——格莱士 · 布雷巴克

我印象最深的是：学院式的氛围。最想念的就是公司的餐厅，与其说是因为食物好吃，还不如说是因为在那里可以进行有趣的讨论。

——伦敦办公室前咨询顾问

我印象最深的是：员工的能力。一般来说，在其他企业中，员工的平均能力要远远低于麦肯锡的最低标准。

——韦斯利 · 桑德

我印象最深的是：那里的人。和他们的广泛接触，不论是在客户驻地还是在公司里，麦肯锡的咨询顾问都致力于客户服务和关心客户的需求。

——苏珊娜·托西尼

当作者的好处之一就是，在自己作品的范围内，可以写最后一句话。在必要的地方，我已经努力用我和麦肯锡校友的亲身经历，阐述了本书的关键点。那就是：以事实为基础，系统化的思维，再加上职业准则，会让你顺利实现目标。

让能力充分下沉
Improve Capabilities at Scale

让变革真实发生
Crystalize Transformation

让成长得到认证
Certify Personal Competence

McKinsey
& Company
麦肯锡商学院

麦肯锡商学院目前仅服务企业客户，
欢迎联络咨询：
China_Academy@mckinsey.com

推荐阅读

"麦肯锡学院"系列丛书

麦肯锡方法：用简单的方法做复杂的事

作者：[美]艾森·拉塞尔 ISBN：978-7-111-65890-0

麦肯锡90多年沉淀，让你终身受益的精华工作法。

麦肯锡意识：提升解决问题的能力

作者：[美]艾森·拉塞尔 等 ISBN：978-7-111-65767-5

聪明地解决问题、正确地决策。

麦肯锡工具：项目团队的行动指南

作者：[美]保罗·弗里嘉 ISBN：978-7-111-65818-4

通过团队协作完成复杂的商业任务。

麦肯锡晋升法则：47个小原则创造大改变

作者：[英]服部周作 ISBN：978-7-111-66494-9

47个小原则，让你从同辈中脱颖而出。
适合职业晋级的任何阶段。

麦肯锡传奇：现代管理咨询之父马文·鲍尔的非凡人生

作者：[美]伊丽莎白·哈斯·埃德莎姆 ISBN：978-7-111-65891-7

马文·鲍尔缔造麦肯锡的成功历程。

麦肯锡领导力：领先组织10律

作者：[美]斯科特·凯勒 等 ISBN：978-7-111-64936-6

组织和领导者获得持续成功的十项关键。

关键时刻掌握关键技能

《纽约时报》畅销书，全美销量突破400万册

《财富》500强企业中的300多家都在用的方法

推荐人

史蒂芬·柯维　《高效能人士的七个习惯》作者
汤姆·彼得斯　管理学家
菲利普·津巴多　斯坦福大学心理学教授
穆罕默德·尤努斯　诺贝尔和平奖获得者
麦克·雷登堡　贝尔直升机公司首席执行官
樊登　樊登读书会创始人
吴维库　清华大学领导力教授
采铜　《精进：如何成为一个很厉害的人》作者
肯·布兰佳　《一分钟经理人》作者
夏洛特·罗伯茨　《第五项修炼》合著者

关键对话：如何高效能沟通（原书第2版）（珍藏版）

作者：科里·帕特森 等 书号：978-7-111-56494-2

应对观点冲突、情绪激烈的高风险对话，得体而有尊严地表达自己，达成目标

关键冲突：如何化人际关系危机为合作共赢（原书第2版）

作者：科里·帕特森 等 书号：978-7-111-56619-9

化解冲突危机，不仅使对方为自己的行为负责，还能强化彼此的关系，成为可信赖的人

影响力大师：如何调动团队力量（原书第2版）

作者：约瑟夫·格雷尼 等 书号：978-7-111-59745-2

轻松影响他人的行为，从单打独斗到齐心协力，实现工作和生活的巨大改变

专业服务系列丛书

值得信赖的顾问：成为客户心中无可替代的人

作者：[美]大卫•梅斯特（David H. Maister）、查理•格林（Charles H.Green）、罗伯特•加弗德（Robert M.Galford）

ISBN：978-7-111-59413-0 定价：69.00元

直达客户关系的灵魂，帮助你获得客户的深度信任。

（17年始终位于亚马逊顾问品类前3名）

专业团队的管理：如何管理高学历的知识型员工

作者：[美]帕特里克•麦克纳（Patrick J. McKenna）、大卫•梅斯特（David H. Maister）

ISBN：978-7-111-59300-3 定价：69.00元

专业团队的管理者既是场内的选手，需要完成自己的任务；

又是场边的教练，必须担负整个团队的绩效。

（2002年最佳商业书籍奖）

专业服务公司的管理（经典重译版）

作者：[美]大卫•梅斯特（David H. Maister)）ISBN：978-7-111-59252-5 定价：79.00元

顶级会计师事务所、律师事务所、咨询公司、投资银行、

广告公司、猎头公司……都在遵循的管理法则

（专业服务大师梅斯特享誉全球的奠基之作）

推荐阅读

底层逻辑：看清这个世界的底牌

作者：刘润 著 ISBN：978-7-111-69102-0

为你准备一整套思维框架，助你启动“开挂人生”

底层逻辑2：理解商业世界的本质

作者：刘润 著 ISBN：978-7-111-71299-2

带你升维思考，看透商业的本质

进化的力量

作者：刘润 著 ISBN：978-7-111-69870-8

提炼个人和企业发展的8个新机遇，帮助你疯狂进化！

进化的力量2：寻找不确定性中的确定性

作者：刘润 著 ISBN：978-7-111-72623-4

抵御寒气，把确定性传递给每一个人